面向未来的工程教育改革与发展

宋　歌　著

燕山大学出版社

·秦皇岛·

图书在版编目（CIP）数据

面向未来的工程教育改革与发展 / 宋歌著. —秦皇岛：燕山大学出版社，2024.6

ISBN 978-7-5761-0659-6

Ⅰ.①面… Ⅱ.①宋… Ⅲ.①高等教育－工科（教育）－教育改革－研究－中国 Ⅳ.① G649.21

中国国家版本馆 CIP 数据核字（2024）第 066596 号

面向未来的工程教育改革与发展

MIANXIANG WEILAI DE GONGCHENG JIAOYU GAIGE YU FAZHAN

宋　歌　著

出 版 人：陈　玉			
责任编辑：张　蕊		策划编辑：张　蕊	
责任印制：吴　波		封面设计：刘馨泽	
出版发行：燕山大学出版社 YANSHAN UNIVERSITY PRESS		电　　话：0335-8387555	
地　　址：河北省秦皇岛市河北大街西段 438 号		邮政编码：066004	
印　　刷：廊坊市印艺阁数字科技有限公司		经　　销：全国新华书店	

开　　本：710 mm×1000 mm　1/16		印　　张：8.25	
版　　次：2024 年 6 月第 1 版		印　　次：2024 年 6 月第 1 次印刷	
书　　号：ISBN 978-7-5761-0659-6		字　　数：130 千字	
定　　价：36.00 元			

前　言

　　党的二十大报告在突出位置单独列章，首次对教育、科技、人才进行统筹安排，一体部署。报告指出"教育、科技、人才是全面建设社会主义现代化国家的基础性、战略性支撑"，强调"深入实施科教兴国战略、人才强国战略、创新驱动发展战略，开辟发展新领域新赛道，不断塑造发展新动能新优势"，"加快建设教育强国、科技强国、人才强国，坚持为党育人、为国育才，全面提高人才自主培养质量，着力造就拔尖创新人才"，"人才是第一资源，科技是第一生产力，创新是第一动力"。2023年5月，习近平总书记在中共中央政治局第五次集体学习时强调："建设教育强国、科技强国、人才强国具有内在一致性和相互支撑性，要把三者有机结合起来、一体统筹推进，形成推动高质量发展的倍增效应。"这为新时代我国教育发展、科技进步、人才培养提供了根本遵循，具有重大的理论创新价值和实践指导意义。

　　建设教育强国是以中国式现代化全面推进中华民族伟大复兴的基础工程，为全面推进中华民族伟大复兴提供有力支撑，需要主动超前布局、有力应对变局、奋力开拓新局，加快推进教育现代化。近10年来，我国加快培养急需紧缺人才，有序推进基础学科拔尖人才培养计划，"双一流"建设取得明显成效，人才培养模式改革不断深化；聚焦"四个面向"，高校科学研究取得积极进展，助力突破了很多关键核心技术"卡脖子"问题，教育服务国家战略与经济社会发展的能力和水平有了大幅提升。2022年《政府工作报告》指出，要促进产业优化升级，增强制造业核心竞争力，促进工业经济平稳运行，加强原材料、关键零部件等供给保障，维护产业链、供应链安全稳定，促进传统产业升级，加快发展先进制造业集群，着力培育"专精特新"企业，推进质量强国建设，推动产业向中高端迈进。未来五年是全面建设社会主义现代化国家开局起步的关键时期，主要目标任务是经济高质量发展取得新突破，科技自立自强能力显著提升，构建新发展格局和建设现代化经济体系取得重大进展。聚焦全面建设社会主义现代化国家对教育提出的新要求，聚焦加快建设教育强国，进一步增强教育对高质量发展的支撑力、贡献力，是当前及未来教育改革发展的主线任务。

工程教育领跑创新，工程科技改变世界。工程教育、工程科技、工程人才是社会发展的重要推动因素，是经济社会发展的主要驱动力，也是构成国家核心竞争力的基础要素。其中，工程教育是基础中的基础。我国工科教育专业类别、工科专业总数、工科在校生及毕业生人数均占其总数的三分之一以上，工程教育规模居世界第一。工程教育作为高等教育的重要一翼，在我国经济社会发展、科技进步以及现代化建设进程中发挥着不可替代的作用。高等工程教育培养了数以千万计的工程人才，涌现了一大批行业领军人才，为支撑第一制造大国建设，促进经济发展与社会进步作出了巨大贡献。当前，奔腾而至的新一轮科技革命和产业变革是实现中华民族伟大复兴的重要历史机遇。以新技术、新产业、新业态和新模式为特征的新经济蓬勃发展，人工智能、物联网、传感技术、云计算、大数据存储与计算、区块链、新材料、生物科技、新能源等新科技集中涌现，我国正在加快推进产业优化升级，加速发展战略性新兴产业，大力促进先进制造业集群发展，进一步提升制造业核心竞争力。民族复兴伟业需要一流工程人才，一流工程人才需要一流工程教育，工程教育重任在肩。唯有抓住历史机遇，以未来为导向，直面困难、迎难而上，前瞻谋划工程教育变革式发展的方向与路径，才能真正走出具有中国特色的、满足新经济发展需求的、符合工程科技新方向的工程教育之路。在百年未有之大变局中，我国高等工程教育已进入快速发展和根本性变革时期。未来已来，工程教育必须站在科技革命和产业变革的潮头，通过开展具有创新性、引领性、系统性的工程教育改革，加快培养满足当前和未来所需的各层次、各类型的工程人才，特别是加快培养新兴领域所需工程人才，主动布局未来战略必争领域人才培养，不断提升工程人才培养质量，为产业革命、经济发展、社会进步提供更加有力的人力支撑和智力支持。

谋划面向未来的工程教育改革与发展进路，有必要梳理分析其来路。本书从工程教育范式变迁切入，回溯工程教育技术范式到科学范式再到工程范式的变迁之路。这是我国高等工程教育在学习借鉴与自我探索的基础上，通过不断反思与重构，实现自身不断发展及服务工业化与现代化水平不断跃迁的进阶之路。在此基础上，将视角从历史向现在与未来延伸，面对已来的未来，我国高等工程教育积极应对、前瞻谋划、排兵布阵，通过新工科建设的"先手棋"，探索与实践面向未来的工程教育模式；通过工程教育认证"主动仗"，保障与引领面向未来的工程教育质量，开启高等工程教育面向未来变革式发展的新征程。这是充满未知挑战的征程，这是面向未来的改革与发展进路。明晰高等工程教育应该培养和输送具有哪些核心素养的工程人才，是面向未来工程教育改革与发展的首要任务。本书在对未来工程人才核心素养相关研究及国内外代表性能力标准框架进行分析的基础上，基于核心素养的再认识，从工程本质、工程发展趋势、工程利益相关者的角度廓清核心素养体系建构视角。视角交汇下，家国情怀与使命担当、计算思维与信息素养、学科交叉与跨界融合、多元化与包容性、社会责任与工程伦理、系统性思维与批判创新、自主学习与终身学习等核心素养跃然纸上。应对未来更加复杂、严峻的挑战所应具备的核心素养及系统、稳定职业胜任力结构的培养与塑造，要求工程教育的培养理念、培养目标、课程体系及课程建设和工程学习模式开展面向未来的同构：以面向未来的培养理念，牵引工程教育发展新动能；以前瞻式培养目标设计，擎托工程教育人才培养新篇章；以融合式课程体系及课程建设，构筑核心素养培养新架构；以高阶式整合学习，打造工程学习模式新样态。人才培养理念方面，本书在分析"回归工程实践"在新的历史条件下的新意义与新使命的基础上，遵循回归、超越、赋能发展的进阶逻辑，提出聚焦人的全面发展，统合"大工程观""整体工程观"典型特征的全面工程观教育理念，从全场域育人格局、全视域培养目标、全领域培养内容、全情境培养方式等方面勾勒其轮廓与框架。培养目标方面，在对我国工程教育人才培养目标演进历程进行回溯并分析其演进特点的基础上，从聚焦多元主体效能激发的人才培养目标发展动力机制、聚焦多层次与多元化的人才培养目标体系、聚焦多向度转变的人才培养目标内容等方面，对面向未来的工程教育人才培养目标发展进行展望。课程体系与课程建设方面，从知识生产价值驱动、应用语境、组织边界、参与主体、知识关系、评价模式的变革与工程教育课程在人才培养链条中的定位、课程观嬗变、课程体系建构逻辑变迁、课程建设进阶发展互嵌互构切入，提出融合式课程体系及课程建设是面向未来工程教育培养核心素养的必然要求；明确融合式课程体系及课程建设以面向未来的价值导向综合体为引领，以"跨"与"融"兼容并蓄为牵引，以解决复杂工程问题能力为轴线，以面向产出的课程目标体系为承托，由多元课程建设主体协同共建。工程学习模式方面，从工程教育范式变迁中工程学习模式发展样态切入，基于现代工程特征分析面向未来工程教育改革与发展对工程学习模式样态的要求，明确聚焦高阶思维、高阶认知目标及高阶能力的整合学习是基于现代工程特征对工程教育内在要求的学习模式，是对工程问题系统复杂性及系统内外关系集成性的积极应对，并对其知行合一、深度性、研究性、情境性、协作性等内涵与特征进行了阐释。本书以工程教育从历史走向未来为研究切入点，以核心素养从再认识到建构视角为研究着力点，以面向未来的工程教育从适应到引领为研究突破点，描绘了面向未来的人才培养理念、前瞻式培养目标设计、融合式课程体系与课程建设、高阶式整合学习的部分特征，以期为工程教育面向未来的改革与发展研究提供有益的思路。

目　录

第一章　工程教育 从历史走向未来

新中国成立 70 多年来，我国从人均国内生产总值不足 120 元到稳居世界第二大经济体，从"一辆拖拉机都不能造"到拥有世界上最完备的工业体系，从新中国成立初期学龄儿童入学率 20% 左右到 2022 年高等教育毛入学率 59.6%，新中国创造了一个又一个人类发展史上的伟大奇迹，从积贫积弱迈向繁荣富强。作为高等教育的重要一翼，我国高等工程教育也实现了历史性突破、跨越式发展，工程教育规模跃居世界首位，并且正在向工程教育强国坚实迈进。

新中国成立以后，我国高等工程教育在短时间内实现了三次范式的转换，有力支撑了国家工程科技产业在不同阶段的快速发展[1]，为现代化建设作出了巨大贡献。工程教育发展的内生动力机制和为实现国家现代化目标提供有力支撑的不易旨归，推动我国高等工程教育从历史走向未来。新一轮科技革命和产业变革正在加速推动全球工程教育深刻变化和多元发展，"创新驱动发展战略"、"一带一路"倡议、"中国制造 2025"行动纲领等驱动我国高等工程教育面向未来发展转型，新时代赋予工程教育新的属性、新的价值和新的使命。面对已来的未来，我国高等工程教育积极应对、前瞻谋划、排兵布阵，通过新工科建设的"先手棋"，探索与实践面向未来的工程教育模式；通过工程教育认证"主动仗"，保障与引领面向未来的工程教育质量，开启了高等工程教育面向未来变革式发展的新征程。

第一节　工程教育 范式变迁

纵观各国高等工程教育发展史，其与所在国家的工业化和现代化进程密不可分，工程教育范式的每一次迭代都与特定的历史背景及经济社会发展趋势密切相关。我们要置身于时代背景之中去理解我国高等工程教育的发展历程，对工程教育实践与工程教育范式变迁进行梳理分析，同时结合在该历程中具有典型性的美国工程教育的有关情况（下文按照时间顺序分别予以说明）进行综合研究，有助于把握工程教育改革发展趋势及其与科学技术革命、知识生产模式变革、产业结构演进及工业结构升级之间的内在逻辑与规律，洞悉和掌握在新一轮科技革命与产业变革的时代特征背景下，工程人才能力框架搭建、发展及重塑所面临的新要素、新要求、新挑战，为深入研究面向未来的工程教育改革与发展的关键问题奠定基础。

范式的概念和理论是由美国著名科学哲学家托马斯·库恩（Thomas Kuhn）提出的，他在《科学革命的结构》（*The Structure of Scientific Revolutions*）一书中进行了系统阐述。库恩指出："按既定的用法，范式就是一种公认的模型或模式，范式从本质上讲是一种理论体系。"[2] 工程教育范式是一个多级层次、多重范畴的概念，可以将其理解为工程教育共同体和社会普遍接受的一系列关于工程教育如何实施的基本理念及理论体系。工程教育自 18 世纪欧洲工业革命发端至今，经历了技术范式、科学范式、工程范式的进阶之路。各工程教育范式的形成与发展均受到当时社会发展趋势、工业化发展进程及其对工程人才的需求等因素的影响与制约，并在具有特质性的人才培养理念和理论体系指导下开展工程人才培养与输送、工程科学研究与转化等活动。在不同历史时期，世界各国通过工程教育范式转型，培养了各层次的工程人才，支撑了国家工程科技产业在不同阶段的快速发展[3]。

一、工程教育技术范式

（一）美国的工程教育技术范式

现代工程教育模式形成于 1914 年第二次工业革命后期至 1945 年第二次世界大战结束，以美国为代表的西方国家确立了侧重专业技术知识的掌握和专业技能本身的研究与运用，重视处于工程经验阶段的工程实践为导向的工程教育"技术模式"[4]。19 世纪之前，美国工程教育以培养现场工程师为目标，以"学徒制"为主要培养方式，强调技术和动手操作，学习的内容以应用手册和公式为主；学习的方法主要依靠个人实践经验积累；学习的情境是各类生产运行的机器车间；学习的氛围体现明显的"车间文化"。通过该种模式的学习，学徒逐渐掌握机器操作技能，在成为熟练机工的基础上成为机械工程师。在该过程中，受学习理念、目标、模式及场地的影响，学徒对机器运行等科学原理的学习比重较小，他们认为通过师徒间传授所获得的知识与经验足以满足日后的工作要求，所以更多的是通过日复一日的具体操作及经验积累提高自身实践应用能力。然而，非正式的工程教育无法应对未来工程活动的需求，因为工程活动中蕴含的科学理论知识越来越多，零散化、非系统的学习方式已不能应对高深理论的学习；而且人才培养数量少、周期长，难以满足以大规模工厂生产为标志的工业革命需求，标准化、大批量培养工程人才的学校教育呼之欲出[5]。此时期建立的大多工程院校仍将工程视为一种技艺，以培养工程领域的一般工作者为目标，具有很强的职业指向性。从培养过程来看，侧重技术应用和实践操作能力培养，课程体系设置具有明显的技术导向，对工程科学理论及数学分析重视不足；从培养效果来看，这些工程师凭借在校期间的学习及实践经验，基本具备了在真实工程环境中开展工作的能力，能够满足当时经济社会和工业发展的需求。

（二）中国的工程教育技术范式

我国现代工程教育虽然起步较晚，但始终与国家社会发展及工业化进程密切关联，并对其起到了重要支撑作用。在技术范式的发展阶段，相比西方国家通过工业发展推进工程教育革新的内源性发展路径，我国则是通过移植其他国家现有工程教育模式的外源性发展路径[6]。新中国成立之初，为满足优先发展重工业的战略需求，国家对高等教育开展了大规模的院系调整和专业划分。学习效仿苏联"实用主义"工程教育体系，建设发展了一批工业专门学院，形成了以单科性工科学院为主的发展模式。同时按照产品分类及产业流程的生产岗位进行专业划分，根据具体岗位需求进行高度专业化的教育培养。该时期的工程教育人才培养理念强调学生通过各层次的工程专业学习均能具备过硬的工程实践能力；培养目标是为工业发展特别是国家基础工业和国防工业领域培养一批急需的工程人才，助力工业化建设；课程体系按照工业生产需要或具体岗位需要进行设置，生产实习等实践教学环节所占比重较大；教学内容以指导工业生产具体实践的专业知识、技术应用为主；教学模式体现为教育与生产劳动的紧密结合，师生在具体的工业生产环境中开展实践教学与技能训练的模式较为普遍。在计划经济的大背景下，该工程教育模式为学生毕业时即具备在具体岗位开展工业生产的技能提供了保障，为国家经济建设和工业生产发展培养了一大批上手快、技能强的工程人才，在相当长一段时期内基本适应了我国计划经济体制下产业发展的需求。其间，随着中苏关系的变化，我国教育界对学习苏联教育模式过程中存在的照抄照搬及形式主义进行了反思 [7]，但工程教育技术范式主导的人才培养模式并未被撼动。

（三）工程教育技术范式分析

工程教育技术范式根植于工程实践的土壤，关注受教育者技术应用与实践操作能力的培养，在不同国家的不同历史时期为培养大量的适应当时产业及社会发展需要的工程人才发挥了重要作用。该范式及该范式下培养的工程人才能够满足当时各国的经济社会发展需要，具有不可或缺与不可替代性。但因该范式对工程科学理论学习重视不足，导致受教育者的工程理论知识体系缺乏系统性，工程科学与工程实践内在联系被割裂，也间接导致了工程实践训练环节的条块分割。长此以往，必然导致受教育者就业口径狭窄、创新意识不足、岗位胜任力下降、对工业生产及经济社会发展支撑力不足等问题。同时该范式还使工程技术发展与工程科学发展之间产生了屏障，二者像是在两条平行道路上行驶的汽车，各自独立，并不往来。工程技术人员关注解决生产中的实际问题，科学家专注探究未知世界，对实际应用并不关心 [8]。

二、工程教育科学范式

（一）美国的工程教育科学范式

第二次世界大战中，美国麻省理工学院（Massachusetts Institute of Technology，简称 MIT）和一些高水平研究型院校开始更多地承担战争装备研发的责任，与工程师相比，科学家发挥了更大的作用，他们完成了许多开创性的工作[9]。战后，美国对工程师培养体系进行了系统反思，包括工程师很难将科学原理应用到新技术的开发中，工程教育人才培养质量与数量已不能满足社会发展需要的现状；欧洲工程教育对科学研究的重视以及由此产生的对经济社会发展的影响；工程学科发展产生了新的知识范畴，其与工程实践的关联与影响效应；当前科学家与工程师的领域隔阂与内在关联的矛盾与冲突；工程科学学习和工程人才培养的理念嵌入与实践耦合的必要性及途径方式等。1945 年，MIT 的范内瓦·布什（Vannevar Bush）教授在《科学：无尽的前沿》（*Science, The Endless Frontier*）中，系统总结了美国战时在相关领域开展科学研究的成功经验，重塑了人们对科学研究与工程应用相互关系的认识，阐述了前沿科学对美国战略优势持续保持的重要性[10]，标志着科学范式即将拉开工程教育人才培养新阶段的序幕。1949 年，MIT 发布《路易斯报告》（*Lewis Report*），报告对工程教育技术范式存在的问题及改革方向的研究结果进行了说明，提出"MIT 要做的绝不应该是科学知识的单纯灌输，而是应该帮助学生建立基础理论结构，培养他们获得新知识并应用的能力，因此基础理论和原理的学习不仅重要且必要"[9]，进一步强调了工程教育范式转型的必要性与紧迫性。1950 年，美国建立了国家自然科学基金会，通过对基础科学研究计划进行大规模资助，发展科学信息和增进国际科学合作等办法促进美国科学教育发展，标志着大学的科学研究从个人属性转变为国家属性[8]。1955 年，《格林特报告》（*Grinter Report*）发布，该报告强调要重视科学理论学习特别是基础科学理论学习在工程教育中的重要作用，课程体系应秉承科学导向，培养过程关注学生对科学理论的深入学习与系统掌握，标志着基于科学理论的工程教育课程设置理念及教学重心被正式认可。国家层面上，美国将科学、工程教育与国家安全和经济社会发展紧密联系在一起，把科技、工程人才视为巩固与提升全球竞争力的重要保障[11]，产生了政策驱动；经济社会发展层面上，美国急需培养具有综合科学素养的工程师，以推动战后经济快速发展，产生了需求驱动；技术、科学与工程发展层面上，其内在关系在新历史时期的演进与变革，产生了系统驱动。在这些多元复杂因素的影响驱动下，以

"工程科学运动"为导向的工程教育科学范式应运而生。

（二）中国的工程教育科学范式

早在 1947 年，钱学森在上海交通大学、浙江大学和清华大学关于工程科学的演讲中都曾明确提出发展工程科学的必要性，认为工程科学可以在理论层面对工程技术的研究与实践进行更为确切的分析指导，也更有利于工程技术的发展[12]，但碍于当时的国内环境，该理念没有得到重视。20 世纪 80 年代改革开放初期，以信息技术为代表的高新技术产业蓬勃发展，各产业部门之间以及产业内部各要素之间的联系日益紧密。但工程教育技术范式下培养的工程师专业口径狭窄，工程科学理论体系不系统，将工程科学原理应用于新技术开发与工程实践能力不足，已不能满足当时社会经济发展和产业转型的需要。工程教育范式需要迭代，以培养更多满足高新技术产业发展需要的宽口径高层次工程人才。1984 年教育部印发《关于高等工程教育层次、规格和学习年限调整改革问题的几点意见》，明确定位工科本科生为高级工程科学技术人才，推动了我国工程教育向科学范式过渡[1]。从 20 世纪 80 年代中后期开始，我国成立了一批综合性研究型大学，工程教育逐步走向科学范式。1994 年，原国家教委启动高等教育"面向 21 世纪教学内容和课程体系改革计划"，由此开始了高等工程教育领域的改革。1998 年，为满足工程科学和技术复杂性提高对工程人才的需求，提高工程人才培养对社会需求的适应程度，我国开展了工程专业调整，"厚基础、宽口径、多方向"的培养理念成为工程教育的主流[13]。

（三）工程教育科学范式分析

工程教育科学范式全面提升了科学理论在工程教育中的地位。以培养具有坚实学科知识基础和科学研究能力，能够更好面对新技术挑战的工程科学技术人才为主要目标；以学科导向为课程体系设置原则，特别强调基础科学及通识教育的重要性，增加数学、物理等课程比重，降低工程实践类课程占比；教学内容侧重对科学原理的解释与分析，更多关注受教育者对科学理论学习与掌握的系统性；课堂理论讲授及研究性实验训练成为主要教学方式，注重学生分析能力的培养与提高。工程教育科学范式扭转了工程教育技术范式下工程人才培养口径狭窄，专才过于"专"，实践能力没有学科系统性理论作为依托，创新发展意识不足，对当时产业结构变革及进一步发展支撑力不足等困境。工程教育科学范式下培养的工程人才科学理论基础扎实、工程科学研究能力出众，创新性、适应性更强，更能满足当时经济社会发展及科学研究的需要。由突出工程实践能力的技术范式到突出工程科学研究的科学范式，反映了在国家战略、产业结构、经济发展需求、科学发展趋势及工程院校自身发展规律等诸多因素影响下，工程教育模式天平中"实践"与"理论"的不断博弈，实现了特定历史条件下要素间的制约与平衡。但伴随影响要素的发展变化及科学范式所引发的对工程设计能力和解决实际问题能力培养的边缘化，工程师培养模式与科学家培养模式趋同化，工程教育中"实践"与"理论"的天平又从平衡状态逐渐发展为不平衡状态，牵引工程教育范式再一次变迁。

三、工程教育工程范式

（一）美国的工程教育工程范式

20 世纪 80 年代，在工程教育科学范式指引下，工程教育与工业界需求脱节、工程科学家与工程师培养数量与需求比重失衡、工程人才解决实际工程问题能力不足，难以应对科学、技术、市场、文化、环境等因素综合产生的复杂工程问题，矛盾不断积累，加之美国制造业领先地位被撼动的压力与振兴制造业的紧迫感逐渐蔓延到工程教育领域，引发了工程教育界对工程教育"科学化"的全面反思。MIT 再一次站在了工程教育范式变革的潮头，于 20 世纪 80 年代中后期开始对工程教育科学范式的弊端及工程师培养模式转型的方向与模式等进行系统研究，进一步明确工程人才培养范式变革迫在眉睫。1992 年，MIT 校长查尔斯·韦斯特（Charles Vest）在《1992—1993 学年校长咨文》中正式使用"集成的工程教育"来描述大规模复杂系统的分析和管理的教育改革方式，新时代背景下的工程教育应当更加强调工程本身的集成性和系统性，回归工程的实践属性[9]。1993 年，MIT 工学院院长乔·莫西斯（Joel Moses）提出"大工程观"，明确基于工程的本质属性及时代背景的工程活动影响要素愈加复杂化，要求工程教育以整合的视角审视工程、工程与技术和科学的关系、工程发展与环境保护的关系、工程与人类社会发展的关系。1994 年，MIT 校长查尔斯·韦斯特再次郑重提出工程教育必须回归实践，回归工程教育的本质，回归工程教育人才培养的本真。这些理念得到了政府层面、教育界、社会大众，特别是工程行业界的认可，自此正式按下工程教育科学范式向工程范式转型的启动键，各工程院校掀起了"回归工程"的全新革命。进入 21 世纪，基于对前期改革的探索与积淀及产业革命对工程师能力要求的不断变化，美国相继发布《2020 工程师：新世纪工程的愿景》《培养 2020 的工程师：为新世纪变革工程教育》《K-12 教育中的工程：现状与前景》《推进工程教育》等政策规划和研究报告，并于 2009 年启动"大挑战学者计划"（The Grand Challenges Scholars Program），提出通过基于工程真实情境的教育教学改革，使受教育者具备迎接未来工程发展各种挑战的能力。

（二）中国的工程教育工程范式

随着我国产业变革的不断深入，工程人才对其要求的包容力、对其变化的适应力、对其发展的支撑力明显不足，工程教育科学范式所导致的工程教育过度科学化、工科教育理科化等弊端开始集中显现。工科毕业生工程设计、工程实践及解决实际工程问题的能力薄弱，创新意识、团队意识等工程素养匮乏，广受工程行业企业诟病，我国工程教育范式面临新的转型需要。为了探索在工程本质属性指引下，科学理论、工程技术、工程能力在密切联系中"各归各位"，并在系统协调中"各安其位"的工程教育模式，2008 年，教育部高等教育司成立"CDIO 工程教育模式研究与实践课题组"，负责研究国际工程教育改革情况和 CDIO 工程教育模式的理念及做法，对我国工程教育改革情况进行调研，并指导有关院校开展 CDIO 工程教育模式试点工作 [14]。为了主动应对新一轮科技革命和产业变革对工程教育内涵式高质量发展的要求，2010 年，教育部启动"卓越工程师教育培养计划"，并正式将其列入《国家中长期教育改革和发展规划纲要（2010—2020 年）》。"卓越工程师教育培养计划"旨在通过创立高校与行业企业联合培养人才的新机制，创新工程教育的人才培养模式，建设高水平工程教育教师队伍，扩大工程教育的对外开放；通过制定"卓越计划"人才培养标准等举措，全面提高我国工程教育人才培养质量，努力建设具有世界先进水平和中国特色的高等工程教育体系，促进我国从工程教育大国走向工程教育强国。这是我国对工程教育范式转型的主动探索和对社会需求变化的积极回应。

（三）工程教育工程范式分析

工程教育从科学范式的"去工程化"到工程范式"回归工程"的发展变迁中，"回归"是主线。回归什么或者说是向什么回归，是探讨为什么回归及如何实现回归的前提。回归"工程"、回归"工程实践"并不是回归技术及回归技术范式中的单纯工程实践，不是对工程教育技术范式的复辟，而是回归工程的本质属性，回归工程本身的整体性、系统性，回归工程的本真。工程要以更强的实践性、综合性、创造性等特质区别于其他活动范畴，工程教育与其他教育大类相比，应具有更加明显的社会性、实践性、系统性和创新性。工程教育工程范式强调以"整合"的视角关注并系统分析工程与人类、工程与社会、工程系统内部各要素，工程与科学、工程与技术、科学与技术，工程教育与产业革命，工程学科与工程学科、工程学科与其他学科，科学理论与工程实践之间的关系。在此基础上设计或重塑工程人才培养模式，培养目标指向使受教育者具备迎接未来工程发展各种挑战的能力，具备终身学习能力；课程体系更具综合性和多元化，注重不同学科知识的交叉融合及学科知识体系的系统性对解决复杂工程问题能力的有力支撑；培养过程倡导通过基于工程真实情境的教学模式提高受教育者的工程知识应用能力、工程技术执行能力、复杂工程问题解决能力。工程范式倡导工程教育的系统性和整体性，在注重实践的同时追求理论与实践的平衡，注重学生知识、素质、能力的协调发展，以尽可能地满足工程教育利益相关者的需求[6]。工程教育工程范式的内涵与工程的本质及工程教育的初心相互吻合，有利于培养以服务经济社会发展为己任，在掌握工程知识、问题分析和研究能力的基础上，具备将其应用于工程设计与工程实践的能力，并在此过程中密切关注工程与社会、环境与可持续发展，具有创新意识、团队合作精神和终身学习能力的工程人才。

四、反思与重构中的工程教育范式变迁

新中国成立以来，工程教育历经了重构、调整、扩张、创新等发展阶

段，在为服务国家战略和经济社会发展提供强有力支撑的同时实现了自身快速发展，我国逐渐发展为世界工程教育大国，并正在向工程教育强国坚实迈进。工程教育发展内生动力机制和为实现国家现代化目标提供有力支撑的不易旨归，推动我国工程教育从历史走向未来。

新中国成立之初，我国经历了工业化道路的选择与工程教育模式的选择。为尽快改造落后的旧工业，我国采取重工业优先发展战略加快工业化进程。高等工程教育对新中国成立前工程人才培养模式进行了反思，明确需要在尽快扩大工科院校规模的基础上，通过"实""用"的培养方式，迅速培养一大批工业化建设急需的工程人才。在特定历史条件下，我国工程教育通过学习苏联模式，建立起了教育与生产密切结合的培养模式，通过集中工程实践训练迅速提高受教育者工程技术应用能力，在较短周期内实现了"学以致用"产出的最大化。该工程教育模式在相当长一段时间内适应我国计划经济体制，支撑了工业化特别是重工业的发展。改革开放初期，蓬勃发展的高新技术产业需要宽口径高层次工程人力资源予以支撑，我国工程教育对过于强调工程经验层面的工程实践和对工程科学原理重视不足的教育模式进行了全面反思，通过学习借鉴美国"科学化"工程教育模式，重构了以坚实科学理论为基础，侧重学生工程科学素养提升的工程人才培养模式，满足了当时新技术挑战下的经济社会发展及科学研究需要。新世纪伊始，为应对不断深入发展的产业变革对工程人才的新需求，我国工程教育对过度强调工程科学的理科化趋势所导致的问题进行了系统反思，通过探索 CDIO 工程教育模式、实施"卓越工程师教育培养计划"、开展高等工程教育教学改革等，提高工程人才对新一轮科技革命、产业变革及新经济发展需求的包容力、适应力与支撑力。

工程教育技术范式—科学范式—工程范式的变迁之路，是我国高等工程教育在学习借鉴与自我探索基础上，通过不断反思与重构，实现自身不断发展及服务工业化与现代化的水平不断跃迁的进阶之路。在这个过程中，我国高等工程教育始终积极回应国家工业及产业结构变革的需求，逐渐形成了中国特色自主创新之路，为国家战略发展、社会经济进步、产业转型升级、大国工匠培育等作出了卓越贡献[15]。

第二节　工程教育 未来已来

新一轮科技革命和产业变革的浪潮奔腾而至，培养适应并引领未来科技变革和产业革命的创新人才，建设卓越工程师队伍，服务我国经济高质量发展、科技自立自强及原始创新突破，是高等工程教育义不容辞的责任。在百年未有之大变局中，我国工程教育已进入快速发展和根本性变革时期。互联网、大数据、云计算、物联网和人工智能与工程的深度集成，推动高等工程教育改革与发展发生深刻变革。未来已来，工程教育必须顺应历史规律，把握时代大势，积极主动应答，前瞻谋划改革，通过开展具有创新性、引领性、系统性的工程教育改革加快培养满足当前和未来所需的工程人才，为产业革命、经济发展、社会进步提供更加有力的人力支撑和智力支持，支撑国家创新发展与民族崛起。

不论是历史上工程教育范式变迁中的持续反思与重构，抑或是新形势下工程教育改革的主动响应与积极谋划，均表明中国工程教育发展一直在路上，工程教育质量提升一直在路上，满足当下、适应未来、引领未来的工程教育改革探索也将一直在路上。面对已来的未来，我国高等工程教育积极应对，通过新工科建设和工程教育认证，探索与实践面向未来的工程教育模式，保障与引领面向未来的工程教育质量。

一、新工科建设：探索与实践面向未来的工程教育模式

新时代赋予工程教育新的属性、新的价值和新的使命，新工科开启高等工程教育新征程。为更好地服务国家战略、满足产业发展需求、引领产业发展方向、主动培养未来技术和产业发展所需的各类紧缺人才，我国于2017年正式吹响了新工科建设号角，"复旦共识""天大行动""北京指南"三部曲先后奏响，将我国工程教育改革创新推向新的高度。新工科建设旨在通过前瞻性的方式开展新工科研究与实践，探索建设中国特色、世界一流的工程教育体系，培养造就具有交叉学科背景和复合知识结构的创新型卓越工程人才，形成领跑全球工程教育的中国模式，真正将中国建成工程

教育强国。

（一）新工科建设起于何故

1. 新工科建设的"新"是一个极具时代特征的范畴

新一轮科技革命与产业变革扑面而来，以新技术、新产业、新业态和新模式为特征的新经济蓬勃发展，正在深刻改变现有产业的形态、分工和组织方式，并将引发未来世界经济政治格局深刻调整，重塑国家竞争力全球位置。习近平总书记指出："如果我们不应变、不求变，将错失发展机遇，甚至错过整个时代。"高等工程教育与产业变革、科技发展联系紧密，承担着为其提供人才与智力支撑的重要使命，是重要的创新驱动力与科技生产力。高等工程教育理应并正在积极求变，主动布局，以服务国家战略、支撑产业发展、适应并引领未来发展为导向，书写工程教育的"奋进之笔"。

2. 新一轮科技革命与产业变革需要新工科建设

新一轮科技革命和产业变革将同人类社会发展形成历史性交汇，工程科技进步和创新将成为推动人类社会发展的重要引擎。主要的工程教育强国均发布了工程教育改革前瞻性战略报告，积极推动工程教育改革创新。我国工程教育亦把握时机、乘势而上、瞄准未来、主动变革。未来技术和产业发展的新趋势表现为学科深度交叉、产业跨界融合，科学技术与产业一体化协同发展，技术变革正在加速转变为现实生产力。面向未来的工程教育发展方向和路径选择，需要我们在适应新工业革命的视域下进行全面深入分析。我国高等工程教育积极响应，开启变革式发展的新阶段，通过新工科建设推动工程教育深化改革，从学科导向转向产业和未来需求导向，从单一学科转向跨学科交叉融合，从满足服务转向引领支撑转型发展，以应对新工业革命的新趋势。我国工程教育必须下好这一招"先手棋"，并以此推动高等教育整体创新变革，在未来战略必争领域做好人才储备，占领制高点，掌握主动权，支撑国家创新发展和民族崛起[16]。

3. 国家重大战略规划需要新工科建设

"创新驱动发展"等国家战略对工程人才培养提出新的更高要求。党的二十大报告再一次重申"加快实施创新驱动发展战略"，"加快实现高水平科技自立自强"。实施创新驱动发展战略，充分发挥创新优势，加快产业升级；实施创新驱动发展战略，加快建设科技强国；实施创新驱动发展战略，全面推动经济社会的高质量发展，需要高等工程教育为各行各业培养大批卓越工程人才。培养大批共建"一带一路"急需人才是加强与沿线各国教育互利合作、实现教育共同繁荣的重要任务之一。中国愿意在力所能及的范围内承担更多责任义务，为区域教育大发展作出更大的贡献，包括积极面对新技术与新经济对工程教育带来的挑战，开展着眼未来发展的新工科建设路径研究与实践，以及新工科教育国际化人才培养机制建构等。"中国制造2025"是我国在新一轮科技革命与产业变革背景下，进一步推动制造业转型升级的行动纲领，坚持"创新驱动、质量为先、绿色发展、结构优化、人才为本"的基本方针，以加快我国工业化进程和建设制造业强国的步伐。该行动纲领的纵深推进需要工程教育主动研究分析未来产业发展方向，以未来需求视角审视和推进人才培养模式改革，为制造业转型升级培养大批具有广博知识、扎实工程能力，并富有探索精神、创新精神、团队精神的高素质工程人才。

4. 新经济发展需要新工科建设

新经济的发展以新技术革命为引领，以信息化和工业化深度融合为突破，以商品模式和体制机制创新为标志，以减少对物质要素的依赖，来推动新一轮生产方式的变革和经济结构的变迁[17]。在新技术迭代周期缩短，新技术不断催生新产业、新业态、新模式的发展趋势下，新经济起势迅猛。新经济发展趋势体现为互联网深刻改变各行各业，创新型企业异军突起，新技术催生壮大新产业，制造业智能化趋势方兴未艾，"双创"厚置新经济的发展沃土等方面[16]。新经济影响要素在信息技术快速发展的加持下愈加复杂化，要求工程人才具有在更加复杂的系统中解决问题的能力和终身学习的能力；新经济涉及跨行业、跨领域的要素整合，需要工程人才具有更强的跨界融合能力和创新创业能力；新经济资源要素的综合性，需要工程人才具有更为敏捷的判断力、协调力与领导力；新经济发展对环境、可持续发展及人类福祉的重要影响，需要工程人才具有强烈的可持续发展意识、伦理意识等社会责任意识；新经济发展具有突破地域及国界的全球化属性，需要工程人才具有更为宽厚的多元文化素养及更为宽广的国际视野。新经济发展需要新型工程人才支撑，加快发展新经济必须建设新工科。

5. 工程教育发展需要新工科建设

不论是工程教育技术范式、科学范式、工程范式的发展演进，还是CDIO 工程教育模式研究与实践、工程教育认证及基于认证理念的工程教育改革、"卓越工程师教育培养计划"和新工科建设，均是我国工程教育在内生动力机制和追求为实现国家现代化目标提供有力人才与智力支撑的初心与使命的驱动下，积极开展的工程教育改革与发展方向、路径、模式的探索与实践。从效仿学习的反思与重构，到自主创新的摸索与实践，到面向未来的谋篇与布局，再到面向世界的果敢与担当，中国工程教育始终积极回应国家经济发展及产业结构变革的需求，以及全球化经济发展与产业变革趋势，正在实现从适应到满足再到引领的不断跨越，逐渐形成具有中国特色的自主创新之路。在新一轮科技革命和产业变革正在深刻影响世界经济政治格局，重塑国家竞争力全球位置的重要历史时机，新工科建设抓住机遇、把握时代，在符合当前和未来科技发展及产业革命需求的卓越工程创新人才培养的探索与实践中提出中国主张，积淀中国理论，形成中国范式。

（二）新工科建设新在何处

新工科建设的"新"是一个综合的、系统的范畴概念。从工程教育人才培养的属性出发，"新"可以理解为在新的时代背景下，新型工科、新兴工科、新生工科在新的理念、新的模式、新的标准下开展新型工程人才培养的路径与实践。"新"是"纲"也是"目"，既体现在面向未来的工程教育改革与发展的蓝图设计上，也体现在具体学校具体专业的人才培养方案建构及实践中。以下仅从人才培养的微观视角概要说明新工科建设新在何处。

1. 新理念

新工科建设强调面向未来、谋划未来、引领未来，持续深化创新型、综合化、全周期、开放式的工程人才培养理念。未来导向是新工科的核心理念，面向未来需求，改革当下的工程教育，实现对当前急需及未来必需的新型工程人才培养。培养过程中，既立足当下，又瞄准未来——新技术革命与产业变革的未来、新经济发展的未来、工程教育发展的未来、人的全面发展的未来，把学科导向转变为产业和未来需求导向，把单一学科发展转变为跨学科交叉融合，把被动适应提升为主动支撑引领，将跨界整合能力、创新创业能力、未来适应能力、终身学习能力作为人才培养的发力点，开展面向未来的工程教育改革与实践。

2. 新模式

新工科新理念下的人才培养模式以问题为导向、以未来发展为指引，鼓励高校突破既有模式限制，进行模式创新。包括但不限于组建跨学科教学团队，依托综合项目体系打通并融合不同学科领域课程，探索跨界融合式工程人才培养模式；搭建创新创业基地平台、构建与新工科建设课程体系相融合的创新创业教育课程体系、推进优质创新创业课程资源的信息化建设、模拟产业发展导向的创新创业教育情境、建立在线开放课程学习认证和学分认定等课程管理制度，革新工程人才创新创业能力培养模式；设置挑战性学习计划，促进学生潜能挖掘，鼓励学生根据学习研究兴趣跨学院、跨学科组合课程，探索个性化人才培养模式；推进信息技术与工程教育的深度融合，充分利用信息技术发展带来的丰富学习资源，及其为教学模式革新提供的技术支持，助力学习新模式、教学新模式变革等[18]。

3. 新培养体系

为适应新产业和新经济发展需求，新工科建设聚焦培养学生应对未来挑战的能力。"未来""挑战""能力"等要素贯穿的新培养方案、新课程体系、新课程内容、新教学方法、新学习方法，形成面向未来的新培养体系，核心特征是"新"。新的培养方案需要预测国家和产业未来发展的方向，聚焦新科技革命与产业变革及新经济发展的新需求，构筑人才培养先发优势；新课程体系支撑包含针对新需求的培养目标及新需求对工程人才的能力素质要求，通过塑造学科实质性交叉、深入性融合的课程体系实现对工程人才未来所需核心素养体系的有效支撑；新课程内容较之以往更关注跨学科、跨领域、跨文化的知识体系在课程内容中的渗透，更关注工程及科技发展前沿；新的教与学侧重基于真实问题情境的工程化学习，增强知识体系的整体性、系统性，知识应用在解决复杂工程问题中的真实挑战与体验，同时关注激发学生的学习兴趣和内生动力、对问题解决方案的主动钻研与协作探究，使学生具备更强的分析判断能力、批判创新能力、沟通表达能力、团队领导能力、自主学习能力、终身学习能力，为迎接未来挑战做好准备工作。

（三）新工科建设去向何方

新工科建设的"新"是一个动态发展、持续进阶的范畴。未来发展的新趋势、新需求、新目标，促进新工科建设迎来新进程、新发展、新态势，产生新问题、新任务、新举措，迈向新阶段、新层次、新目标，依此螺旋上升，持续创新工程教育发展范式。

1. 新工科发展掠影

2016 年 6 月，我国成为《华盛顿协议》（Washington Accord）① 正式会员后，开始研究酝酿新工科建设方案。2017 年，教育部正式推出新工科建设计划，并在当年实施新工科建设"三部曲"："复旦共识""天大行动"和"北京指南"。新工科建设很快成为全国性的工程教育改革行动。2018 年 3 月，教育部公布首批 612 个新工科建设研究与实践项目，包括人工智能、大数据、智能制造等方向在内的 19 个项目群，其中工科优势高校承担 204 项，高校新工科建设正式进入实施阶段。

2018 年 5 月，教育部以新工科为龙头，系统推出新医科、新农科、新文科建设，引领推动高等教育系统性变革。2019 年 4 月，教育部联合 14 个中央部门和单位召开"六卓越一拔尖"计划 2.0 启动大会，掀起了高等教育的"质量革命"，推动中国高等工程教育由从属发展转向自主创新发展，由"跟跑""并跑"转向"领跑"。同年，"新工科教育国际联盟"在深圳成立，来自中国、美国、法国、新加坡、泰国等国家的 50 多所高校率先加入联盟；"全国新工科教育创新中心"在天津大学揭牌。2019 年 12 月，教育部深化新工科建设座谈会暨卓越大学联盟高校新工科教育研讨会召开，推动新工科建设"往深里走、往实里去"，实现新工科建设由 1.0 向 2.0 跨越。2020

---

① 《华盛顿协议》是世界上最具影响力的国际本科工程学位互认协议，其宗旨是通过双边或多边认可工程教育资格及工程师执业资格，促进工程师跨国执业。该协议提出的工程专业教育标准和工程师职业能力标准，是国际工程界对工科毕业生和工程师职业能力公认的权威要求。

年 10 月，教育部围绕理念深化、结构优化、模式创新等 8 大选题 39 个项目群立项 845 个第二批新工科研究与实践项目。与首批相比，第二批新工科研究与实践项目立项数量增幅明显，工科优势高校组、综合性高校组、地方高校组结合自身优势积极组织，深度参与，形成了齐头并进的体系格局。

2021 年 4 月，习近平总书记在清华大学发表重要讲话，强调要"用好学科交叉融合的'催化剂'""聚焦特色、分类发展，大力实施一流学科培优行动""要瞄准学科前沿和关键领域，持续推进新工科、新医科、新农科、新文科建设"。"四新"建设进入全新发展阶段。2022 年、2023 年教育部高等教育司工作要点再次将全面深化"四新"建设，完善和发展人才自主培养新范式，强化交叉融合再出新，引领带动高等教育提质创新发展作为重点工作予以推进。2023 年 4 月，第二批全国新工科研究与实践项目展示汇报暨深化新工科建设工作研讨会召开，会议全面总结第二批全国新工科研究与实践项目的开展情况，研讨下一阶段新工科建设工作的重点，为未来新工科建设"向哪前进，如何前进"的问题提供了重要建议和思路。

2. 新工科再出发

新工科建设自 2017 年正式启幕，从"轰轰烈烈"的理念倡导和顶层设计走向"扎扎实实"的推进落实和质量提升。新工科建设已在宏观体系层面引发了工程教育的系统性改革，在中观模式层面形成了新工科教育的结构式改革，在微观要素层面构建了包含项目式课程、新形态教学资源、共享新工科实践平台等教育要素的改革[19]。目前新工科建设进入深水区、攻坚期，新工科建设高校应继续以培养卓越工程人才为核心，以质量建设为根本，在再深化、再拓展、再突破的基础上再出发，推动卓越工程人才自主培养范式迭代创新，着力构建中国特色、世界水平的工程教育体系，加快推进中国从工程教育大国走向工程教育强国。

3. 体系再深化

进一步增强服务国家战略和区域发展的责任意识和使命担当，将新工科建设作为"三全育人""五育并举"的有效载体，构建德智体美劳全面培养的新工科教育体系。同时关注以下体系的再深化：面向未来工程人才新需求的合理分析与科学预判体系，准确掌握产业发展最新的人才需求和未来发展方向；人才培养与教学组织模式的跨学科与多学科交叉体系，着力打造多学科交叉的新型工程教育组织模式；全周期、全链条、全要素的人才培养质量体系，积极回应学生学习质量的应然诉求；全情境式人才培养优质生态环境体系，构建学生培养多维空间；多元化、多层次、多角度、全覆盖的综合性评价体系，深入促进评价与改进的有效循环，以全面推动面向产业、面向世界、面向未来的人才培养新体系建设再深化。

4. 思路再拓展

新工科建设涉及一整套制度体系改革，有必要进一步有效发挥产业引领功能、科研育人功能、评价导向功能，以凝聚更多共识。进一步聚焦战略必争领域的人才培养，强化战略思维，以显著提升工程人才培养与国家战略和经济发展的契合度；加快打造综合性、前沿性、实践性、跨学科的全新课程体系及凸显前沿性、交叉性与综合性的课程内容，建立最新科技成果引入教学内容的保障机制，持续打造反映科技和产业最新发展的前沿课程；建立新工科建设绩效评价指标体系，形成适应新模式的新的评价体系与管理体系。

5. 协同再突破

进一步树立工程教育共同体意识，通过组织架构、管理机制、评价机制创新，集聚校内外要素资源，汇聚各方力量共同提升工程人才培育水平。实现更为有效的跨院系、跨学科、跨专业协同，更为深入的政校、校企、校校协同，更为广泛的协同育人实践平台和基地协同、创新创业平台建设与新工科培养平台协同，充分发挥工程教育各利益相关方各类型、各形式育人资源的协同效用。同时，探索组建新工科教育区域合作网络，提升新工科教育对区域经济社会发展的支撑和服务能力；充分发挥全国新工科建设工作组协同效能，促进各学校新工科建设成果的经验交流与推广；探索工程教育国际化人才培养新思路与新对策，加强与国外高校的交流与合作，在全球工程教育领域增强我国的影响力。

二、工程教育认证：保障与引领面向未来的工程教育质量

工程教育专业认证是国际通行的工程教育质量保证制度，也是实现工程教育国际互认和工程师资格国际互认的重要基础。为提高工程教育质量，根据国际通行做法，我国建立了具有中国特色并与国际标准实质等效的工程教育认证制度。自 2006 年正式启动工程教育认证工作以来，我国积极采用国际化的标准，吸收先进的教育理念和质量保障文化，优化我国工程教育质量保障体系，引领和推动工程教育改革发展，密切工程教育与工业界的联系，促进工程教育国际化。2016 年，我国成为《华盛顿协议》正式会员，工程教育质量认证体系实现了国际实质等效，标志着中国高等工程教育实现了历史性跨越，工程教育国际化迈出了重要的步伐。我国以此为契机在工科主要专业领域逐步扩大认证范围，持续提升工程教育人才培养质量促进和保障力度。截至 2022 年底，我国共有 321 所普通高等学校的 2 385 个专业通过了工程教育认证，涉及机械、仪器等 24 个工科专业类。

在开展工程教育专业认证的 10 余年里，各高校围绕工程教育创新发展开展了卓有成效的多样化探索与实践，基于认证理念的工程教育人才培养模式改革不断向纵深发展。工程教育专业认证在引领以学生为中心、成果导向、持续改进为核心的教育教学理念革新；推动培养目标、毕业要求、课程体系一体化设计及课程内容更新迭代；聚焦面向未来的毕业生能力素质培养与提升；打造新的工程教育质量标准，并以质量标准意识唤起人才培养链条上所有参与人员质量文化意识等方面发挥着重要的引领和保障作用。在新形势下，中国工程教育认证以对世界负责、对未来负责、对学生长远发展负责的前瞻与使命意识，正朝着"三个面向"全面发力：面向产业发展，保障工程人才培养质量，提高工程人才培养与产业发展需求的契合度；面向世界，构建国际实质等效的、与世界工程教育发展趋势同频共振的、具有中国特色的工程教育质量标准；面向未来，努力提高学生解决复杂工程问题的能力，激发学生学习成长内生动力，拓宽学生职业发展空间，提升学生应对未来挑战的能力，从而推动工科毕业生成为社会创新发展的动力，助力国家产业转型升级。

（一）理念牵引质量

工程教育认证的核心理念，以学生为中心着眼于学生全面发展，成果导向关注学生全面发展的实现，持续改进关注学生全面发展的保障，共同牵引学生全面发展的质量。三者具有紧密的内在逻辑关系，以学生为中心是成果导向的应有之义，成果导向是以学生为中心的充分体现；持续改进是成果导向的本有之义，是以学生为中心、成果导向实现的保障。将之贯穿于学习产出的确定（学什么）、学习组织实施（怎么学）、学习成果评价与改进（学得怎么样及改进）过程中，是以学生为中心理念有效落实、面向产出教育主线有效贯彻及面向产出评价机制有效运行的逻辑基础及实施路径的核心要求。

以学生为中心与以教师为中心不同，着眼于学生的全面发展，尊重学生的主体地位。学习产出确定聚焦学生应对未来挑战所应做好的知识、能力、素养准备；学习组织实施强调学生的学习成效和未来发展，围绕学生的个性、兴趣和潜力开展教育教学工作，既要了解学生的个性特征，因材施教，又要培养学生的兴趣爱好，激发其探索未知的热情，还要挖掘学生的潜力，为其未来发展铺路搭桥[20]；学习成果评价聚焦学生各方面能力增值情况，具体包括课程目标、毕业要求及培养目标的达成情况等，并基于多元化的评价开展持续改进，保证学生学习产出效果。

成果导向理念与学科导向不同，其关注学生全面发展的实现逻辑与路径及与社会当前和未来发展需要的契合性，强调培养方案设计与实施的全部关键环节，包括培养目标与毕业要求制定修订、课程体系设置、教学内容与策略设计、评价与持续改进方案设计与实施等，均以学生接受教育后所取得的学习成果为导向，为学生具备应对未来挑战的核心素养体系服务。培养目标的确定与修订聚焦服务国家战略、满足产业当前及面向未来的发展需求。面向产出的培养目标通过面向产出的毕业要求、课程体系、课程教学及评价与改进予以支撑，从而保障人才培养结果与目标的一致性。

持续改进与以"教"为中心的质量监控不同，其关注的重点是"学"，学生的学习过程、学习状态、学习效果、学习产出，着眼点和发力点在于为学生全面发展目标的逐步实现提供保障。面向未来导向下，新技术快速迭代、新产业加速发展，其对工程人才需求的调整要求体现出周期缩短、频率加快的趋势，需要基于培养目标合理性评价持续改进培养目标；基于对培养目标达成评价、毕业要求达成评价、课程目标达成评价等环节中反映出的影响学习产出达成的因素进行深入分析和及时反馈，实施持续有效改进，密切跟踪改进效果，以保障学习产出的达成。成果导向的持续改进体系通过各子循环系统的运行、反馈、改进、跟踪，保障子循环系统中相关学习产出的达成；通过人才培养过程持续改进的大循环，全面保障各层级学习产出的达成。

（二）改革促进质量

专业认证带给我国工程教育的 OBE [①] 理念以及由此引领的工程教育改革，比专业认证本身意义更大、影响更深远 [21]。OBE 是以各层次学习成果达成为目标，以学生为中心，以持续改进为保障的教育模式，强调学习成果的预先设定及成果达成情况的定期评价，并将评价结果用于持续改进。

基于 OBE 的工程教育改革重视行业需求及社会经济未来发展对工程教育人才培养模式及质量的诉求，是促进工程教育产出与社会需求契合度及工程教育人才培养质量持续提高的有效途径。OBE 的核心理念是基于成果导向的反向教学设计，其内在逻辑支持工程教育因时而动，主动作为，是人才培养实现面向未来、引领未来的重要保障，也是工程人才培养质量能够持续满足社会经济建设当前及未来发展需求的重要保障。反向教学设计以面向内外需求的培养目标制订与修订为起点：对国家战略、行业需求及未来发展对工程人才的需求进行科学分析与合理研判，对未来工程师应具备的核心素养进行科学预测，并将其体现到培养目标中，构筑人才培养先发优势。然后依据培养目标确定培养方案、培养标准、课程体系、课程标准、教学及评价方案。在此基础上开展正向教学实施，根据面向产出的课程教学设计开展各环节的教学实施，达成既定课程目标，进而支撑毕业要求和培养目标的最终达成。基于 OBE 的工程教育改革强调通过反向教学设

---

① OBE（outcome-based education），基于学生学习产出的教育模式，强调学习成果的预先设定及成果达成情况的定期评价，并将评价结果用于持续改进。该教育理念于1981年由 Spady 等人提出，是美国、英国、加拿大等国家教育改革的主流理念。

计，将产业当前及未来发展需求和学生面对未来挑战应具备的核心素养要求，体现到人才培养方案、人才培养质量标准和课程质量标准中，通过正向教学实施及相应质量保障机制予以一一实现，以满足当前及未来经济社会发展对工程教育人才培养质量的要求。

（三）机制保障质量

工程教育认证为工程教育注入了全新的质量标准意识。质量标准引领工程教育专业按照预先确定的"施工图"，基于标准开展课程教学等各项人才培养活动，基于标准评价判断课程教学产出、学生学习产出达成情况。持续改进机制是人才培养质量保障体系的核心，只有将人才培养链条上的所有关键环节均串联在该机制体系中，才能全面保障人才培养质量水平。

持续改进机制关注基于评价所开展的培养目标、毕业要求、课程体系、课程教学等方面改进的制度化。培养目标合理性评价机制是培养目标修订的重要依据。该机制要求工程教育专业制度性地开展广泛调查研究，准确判断当前产业急需与未来技术、产业发展的新趋势和新要求，审视分析目前培养目标的适配度，并基于此进行制度性地修订完善，保证其持续面向未来需求。培养目标达成评价机制是毕业要求修订的重要依据。该机制要求工程教育专业针对毕业5年左右的毕业生及相关用人单位等定期开展调查走访，全面、准确地了解专业毕业生就业质量、职业发展情况、社会对专业人才的需求情况，为毕业要求及相关的持续改进提供依据。课程体系合理性评价机制是课程体系设置调整的重要依据。该机制要求工程教育专业制度化开展课程体系合理性评价，通过与学生开展座谈、针对毕业生与用人单位进行问卷调查、走访用人单位、与行业企业专家进行座谈等途径获得利益相关方对当前课程体系设置、课程内容等方面的评价与意见建议，在此基础上开展课程体系的持续改进。课程目标达成评价机制是课程教学持续改进的重要依据，其评价依据的合理性及结果的有效性还将直接影响毕业要求达成评价的有效性。该机制对考核内容聚焦课程目标、考核方式与课程目标匹配、评价数据的合理性审核等内容进行规范，保证评价所依据数据的合理性及评价结果的有效性，以获得真实的问题反馈，从而开展具有实效性的课程教学内容与策略的持续改进。以上机制将课程、课程体系、毕业要求、培养目标及其评价与改进环环相扣，并关注保证评价过程及结果合理性的机制创新，以评价—反馈—改进—评价改进效果的有效循环，实现对人才培养质量不断提升的有力保障。

（四）发展引领质量

认证标准作为工程教育专业认证制度的核心和关键，其发展和变化受到国家经济发展战略、产业当前及未来发展需求、工程教育现状及发展趋势等多种综合因素影响，并对工程人才培养模式改革、工程人才培养质量提高及工程人才培养与社会需求契合度提升具有重要影响。

从我国建立工程教育专业认证体系之初，即对标国际标准，以实现本科工程学位国际互认为重要目标，研究制定我国工程教育认证标准。《工程教育专业认证标准（试行）》（2012 版）、《工程教育专业认证标准》（2015 版）、《工程教育专业认证标准》（2018 版）、《工程教育认证通用标准解读及使用指南》（2020 版）、《工程教育认证通用标准解读及使用指南》（2022 版）所体现的内涵式发展脉络，反映了我国在不同时期均将认证标准及标准解读，特别是毕业要求能力框架的修订与完善置于产业当前及未来发展对工程人才需求的大背景下，置于国际工程教育发展的大趋势中，保持了面向未来的发展属性和与国际标准的持续接轨。以《工程教育认证通用标准解读及使用指南》（2022 版）中毕业要求的赋能发展为例，其反映了在最广泛的技术变革背景下，工科毕业生面对愈加复杂、不确定、超越特定工程学科的复杂工程问题所需具备和发展的核心素养。

专业技术能力毕业要求赋能发展。"工程知识"进一步强调对计算相关知识、专业领域相关社会科学知识的掌握和应用能力，学生需具备专业领域需要的数据分析能力，掌握数学分析方法，具有系统思维能力；"问题分析"进一步强调从可持续发展的角度分析问题，明确工程科学原理的学习与应用对该标准能力达成的作用，以及教学过程中培养学生独立思考能力的要求；"设计 / 开发解决方案"进一步强调设计中对公共健康、节能减排与环境保护、伦理等因素的考量；"研究"进一步强调研究过程中批判性思维和创造性方法的重要性；"使用现代工具"进一步明晰现代工具及"开发"的范畴和内涵等。经过赋能发展，专业技术能力毕业要求体现了更为宽泛的约束处置与非技术影响要素，要求学生在技术因素与非技术因素广泛交互、相互冲突的背景下，具备解决复杂工程问题所需的工程知识、问题分析能力、设计解决方案能力、研究能力，进一步突出了工程教育的价值理性。同时引导工程教育强化培养学生基于问题视野，运用审辩性思维，在思辨中追本溯源，以驱动原始创新。

约束处置能力毕业要求赋能发展。"环境和可持续发展"强调对联合国可持续发展目标 SDG17① 的知晓和理解；"职业规范"进一步强调对工程伦理的恪守，对相关国家和国际通行法律法规的尊重，对多元化社会需求的理解和包容；"项目管理"进一步明确工程管理中任务协调涉及不同学科交叉；"工程与社会"项与上述三项毕业要求均进一步明确了毕业要求能力与所需知识体系的关联。经过赋能发展，进一步拓展了该不该做、可不可做、值不值得做的约束处置影响要素[22]，包括工程伦理、联合国可持续发展目标、不同学科交叉的项目管理任务协调等，引导工程教育进一步强化培养学生可持续发展观、工程伦理意识、跨学科思维及跨界整理能力等。

非技术能力毕业要求赋能发展。"个人和团队"进一步明确团队合作多学科、多样性、多形式的特点，强调包容性的沟通与合作；"沟通"进一步明确理解和尊重世界不同语言的要求；"终身学习"进一步突出最广泛的技术变革的背景要求，批判性思维和创造性能力的具备，以及对新技术、新事物和新问题带来的挑战的接受和应对。团队协作特点的进一步明晰，引导工程教育强化培养学生具备跨学科思维和包容性团队合作能力；涉及跨文化背景的沟通，是对需要具有一定国际视野并能够理解和尊重世界不同语言文化差异的要求的进一步明确，引导工程教育强化培养学生国际视野和文化敏捷力；自主学习和终身学习紧迫性及内涵要求的进一步明确，引导工程教育强化培养学生学习力、适应力与发展力。经过赋能发展，非技术能力毕业要求进一步突出了工程教育的人本性，关注培养学生核心素养，

---

① 联合国可持续发展目标 SDG17：2015 年 9 月 25 日联合国大会 193 个会员国正式通过 17 个可持续发展目标，旨在 2000—2015 年千年发展目标到期后继续指导 2015—2030 年全球发展工作，以综合方式彻底解决社会、经济和环境 3 个维度的发展问题，转向可持续发展道路，呼吁所有国家行动起来，在促进经济繁荣的同时保护地球。

以适应不断变化的社会需求。

在 10 余年的工程教育认证探索与实践中，我国标准毕业要求内涵发展经历了聚焦能力产出内核、聚焦复杂工程问题解决能力的产出层次、聚焦未来发展能力要求的新要素与新要求等阶段，有效推动了工程教育教学从知识课堂向能力课堂的转变、从低阶课堂向高阶课堂的转变，并将继续推动工程教育通过人才培养模式改革持续储能，促进人才培养过程不断提能，有力引领我国工程教育人才培养质量的不断提高。

第二章　未来工程人才核心素养
从再认识到建构视角

　　从高等工程教育变革轨迹不难看出，满足不同历史时期经济社会发展需求是其演进的逻辑起点，并激发内生动力机制的发展与改革活力，实现从历史向未来的发展。目前，以云技术、大数据、互联网和人工智能为代表的第四次工业革命正在推动科学技术和知识的指数级发展，虚拟网络与实体物理的深度融合及人类智慧与机器智能的协同创新，促发新产业、新业态、新模式、新技术手段、新工作形态的不断涌现。正如世界经济论坛创始人兼执行主席克劳斯·施瓦布所说的，"第四次工业革命的速度、规模和系统性足以颠覆全球各个产业"。"颠覆"指其速度与范围，亦指其程度，颠覆速度之快、范围之大、程度之深，深刻改变着现有产业结构和产业布局，以及人们对产业模式、工程场景、工作要求及思维方式的认知。这些深刻变革从根本上对工程人才提出哪些新要求？或者说工程人才需要具有哪些核心素养才能够从容应对高级化、非常规化的产业结构变革挑战，以适应并引领未来产业与经济的发展？工程人才培养质量直接关系国家科技创新水平和经济社会可持续发展程度。工程人才核心素养的培养和持续发展直接影响国家对新技术和新产业的应对能力。在新工业革命的时代浪潮下，对现代工程的特点及发展趋势进行前瞻性的判断，明晰高等工程教育应该培养和输送具有哪些核心素养的工程人才，是面向未来工程教育改革与发展的首要任务。

第一节　核心素养 再认识

关于核心素养的研究兴起于 20 世纪末，与之相伴生的工程人才核心素养研究与工程教育"回归工程"的发展态势形成历史交汇，体现了面对经济、社会、科技、教育和工程学科的不断发展变化，人们对工程教育本质、工程教育人才培养方向、工程人才实现自我终身发展和社会可持续发展应具备的核心素养的深入探寻。《华盛顿协议》毕业生素质要求、美国工程与技术认证委员会（Accreditation Board for Engineering and Technology，简称 ABET）本科工程专业的毕业要求、《CDIO 能力大纲》等代表性能力标准，则从另一个角度反映了被国际工程教育普遍认同的工程人才能力素质框架。我们有必要在对核心素养研究和典型能力标准框架进行梳理的基础上，实现对工程人才核心素养的再认识。

一、核心素养相关研究情况概述

核心素养（key competencies）的概念来源于西方。"key"译为"关键、核心"等，"competencies"一般译为"能力、胜任、技能、本领"等，但将其译为"素养"更能体现"胜任力"的属性。该概念的出现及研究始于经济合作与发展组织（OECD）实施的"素养的界定与选择：理论和概念的基础"国际性跨界项目（1997—2005 年）。OECD 尝试从理想的教育目的——成功的生活和完善的社会出发，来回答"每个个体需要什么素养"，建构一个有关核心素养的总体概念。项目组在《核心素养的确定与选择：执行概要》中提出包含互动地使用工具、与异质群体互动、自主行动在内的三大核心素养，并提到国家、文化、价值观等影响因素将导致核心素养的差异性[23]。OECD 提出核心素养具有三个基本特征：超越所教的知识与技能、核心素养的本质是反思性、在变化的情境中各个核心素养是联结在一起发挥作用的。核心素养不是适应当前社会的素养，而是生存与发展于未来全球化、知识经济与技术高度发达社会的素养[24]。受 OECD 研究项目影响，欧盟在 2002 年 3 月发布的研究报告《知识经济时代的核心素养》认为，"核心素养代表了一系列知识、技能和态度的集合，它们是可迁移的、多功能的，这些素养是每个人发展自我、融入社会及胜任工作所必需的"。以上研究报告在世界范围内驱动和引领了关于核心素养的深入研究，相关组织、国家及地区纷纷探索建构符合本国或本地区实际情况的核心素养指标体系，并在此基础上开发和完善以核心素养为基础的课程改革方案，全面提升教育质量，以更好地为社会发展服务[25]。在有关研究中产生了 21 世纪技能、关键素养、综合能力、共通能力、核心素养等表述方式。虽然含义有一定不同，但是都表达了所在组织、国家或地区对于未来的公民到底应该是什么样子的追问[26]。

（一）我国关于核心素养的研究

为顺应世界教育改革发展趋势，大力提升我国教育国际竞争力，切实落实立德树人根本任务，深化教育领域综合改革，我国教育界围绕"未来发展需要什么样的人""他们应该具备哪些核心素养""教育应该为之做出哪些变革"等问题，对核心素养及相关领域问题进行了深入研究。国家纲领性政策文件中也多次要求，以发展学生核心素养作为教育教学及相关改革工作的明确方向。2014 年，《教育部关于全面深化课程改革 落实立德树人根本任务的意见》要求，研究制定学生发展核心素养体系和学业质量标准，明确学生应具备的适应终身发展和社会发展需要的必备品格和关键能力，将核心素养和学业质量要求落实到各学科教学中。2016 年，《中国学生发展核心素养》作为国家性的学生发展核心素养总体框架正式发布。2019 年，《中国教育现代化 2035》要求"制定覆盖全学段、体现世界先进水平、符合不同层次类型教育特点的教育质量标准，明确学生发展核心素养要求"。如果说核心素养体系是对适应未来发展的人的"关键特征"的画像，那么核心素养研究是对"什么素养是未来发展需要的？""什么素养是核心的？""为什么是核心的？"等问题的追问与探究，是解决"应该怎么培养人"这一问题的逻辑起点。

2013 年，我国教育部有关司局委托北京师范大学林崇德先生组织专家工作组启动了中国学生发展核心素养的研究，并于 2016 年 9 月发布《中国学生发展核心素养》。该框架以"全面发展的人"为核心，包括文化基础、自主发展、社会参与 3 个领域，综合表现为人文底蕴、科学精神、学会学习、健康生活、责任担当、实践创新六大素养，具体细化为国家认同等 18 个基本要点。项目组认为："学生发展核心素养主要指学生应具备的、能够适应终身发展和社会发展需要的必备品格和关键能力"，"核心素养的遴选需要放大到终身发展的尺度进行考虑，不仅需要考虑到各教育阶段的发展需求，还需要考虑到学生进入社会后的终身发展需求"[25]。相关研究对我国教育理论和实践产生多方面重大影响，为进一步深化教学改革和教育评价提供了理论依据。"核心素养"一跃成为中国新时期教育改革最有影响力和生产性的概念[27]。

刘坚等在《面向未来：21 世纪核心素养教育的全球经验》研究设计中，提出除了为应对特定挑战而提出新的素养要求之外，是否有能够顺应各种时代变迁、顺应学生内在天性的"以不变应万变"的核心素养，以及如何从整体的视角继续思考到底什么是一个"健全的人"等命题，强调核心素养的一端支撑的是"健全的人"，另一端联结的是"真实世界"[26]，相关研究对核心素养的属性及旨归进行了更深层次的审视与分析。

褚宏启进一步明确核心素养是"关键素养"，不是"全面素养"，是各种素养中的"优先选项"，是素质教育、全面发展、综合素质等的"聚焦版"；核心素养要反映"个体需求"，更要反映"社会需要"，核心素养是适应个人终身发展和社会发展所需要的"关键素养"，只有具备这些素养，学生才能成功地适应社会，在自我实现的同时促进社会的发展；核心素养是"高级素养"，不是"低级素养"，具有跨学科性和综合性，是对于知识、能力、态度的综合与超越；核心素养要反映"全球化"的要求，更要体现"本土性"的要求，各国发展面临的关键问题不同，核心素养的厘定和培育也需要有内容差异和程度差异[28]。该研究清晰勾勒了核心素养的本质属性，对核心素养内容确定与体系建构具有积极影响。

崔允漷对核心素养的概念、核心素养的界定与选择进行了"追问"，提出核心素养是"从学习结果界定未来人才形象"的类概念，即从学生学习结果的角度来回答未来社会所需要的人才是怎么样的；OECD 为界定和选择"核心素养"创造了重要的专业经验，我们应该从中获得教益，包括需要一种跨界的专业共同体，建立开放的、协商的、集中式的研究机制；需要从个体和社会两个方面的需求来确定个体的核心素养；需要把核心素养作为一个类概念来认识，它包括了知识、技能、能力、情感态度、价值观；需要构建一个核心素养层级体系，为后续的课程设计与评价展开提供概念框架等[24]。相关研究追本溯源，进一步明晰了核心素养的本质，及其体系建构的主体、机制、作用等内容。

李雪等提出学生发展素养指的是对学生的发展起着本原性作用的要素，这些要素由生理心理、知识文化、思想道德和实践创新4种素养组成；学生发展核心素养是指在学生发展素养中处于中心地位，并对学生发展起着关键的本原性作用的要素，这种要素是上述要素中的知识文化要素。同时对《中国学生发展核心素养》进行了深入思考，提出了"素养是下位概念，能力、品格为上位概念，课题组用上位概念来定义下位概念，在逻辑上存在一定问题"及"把众多素养都当成学生发展的核心素养，人们就不知道哪些是核心素养，核心素养不清楚，学校培养学生的核心素养就无从做起"等问题[29]。该研究强调了对学生的发展具有本原性作用的要素才可能是核心素养，并对《中国学生发展核心素养》中核心素养的含义、内容及体系进行了严肃讨论。

石中英以教育哲学视角提出，从本体论角度看，"学生发展核心素养并不是一种事实性的存在，而是一种价值性的存在；其定义也不是一种描述性的定义，而是一种规范性的定义"；从认识论角度看，"核心素养框架的提出应更加充分地考虑中国传统教育文化的特点以及中国社会现实性的要求"；从价值论角度看，"如果将学生发展核心素养作为课程标准、学业标准制定的主要依据以及教学设计和教学评价的主要标准，那么中国学生核心素养框架的制订和制度化对于教育实践而言可能蜕化为一种外在的支配性力量"[27]。该研究从本体论、认识论和价值论等角度对核心素养相关问题进行了深入思考，为更好地理解与把握核心素养内涵并实现其实践价值提供了新的视角。

（二）我国关于工程人才核心素养的研究

核心素养是未来自我发展及胜任各种具有挑战性的工作岗位所必需的

关键素养的集合。不同学科的核心素养受学科特质及相关产业特点的影响，体现出差异性。工程学科的实践性、社会性、超前性等特质，及其与经济社会发展的密切关联，决定了工程人才核心素养体现出更为明显的综合性、系统性、包容性、敏感性等特点。面对新一轮科技革命和产业变革加速演进对工程人才培养的新要求，我国工程教育界对核心素养的结构、体系及内涵进行了深入的研究。

王世斌等基于人-机柔性结合与和谐共处、能力可迁移性与价值观稳定性的统一、能力的实践表征与行为素养的内在逻辑，构建了新工科人才核心素养结构金字塔模型，包括关键品性、通用能力、专门能力、工程能力4个维度及16项要素，这些核心素养通过工程教育和工程情境联系起来，最终体现在行为中。他们提出有必要通过注重加强学生的价值观教育，涵养关键品格；实现由教到学的深度转变，培养深度学习能力；采取有效措施，创造利于核心素养养成的支撑条件。同时强调核心素养结构是构建工程教育"中国标准"和提升新工科人才培养质量的关键[30]。该研究突出强调包括道德思想、理想信念、家国情怀、伦理责任在内的关键品性，对通用能力、专门能力、工程能力的塑造及在工程实践中整合效能的发挥具有重要的导向功能。

张炜等在世界各国正加速走向以人工智能技术为核心的智能化时代的背景下，基于扎根理论编码分析方法，对全球主要工业国家工程人才培养研究报告内容进行要素识别并建构了包括学科素养、系统素养、计算素养、信息素养和伦理素养的智能化社会工程人才核心素养体系。提出面对智能化社会挑战，变革工程教育理念、培养适应智能化工作情境的工程人才，正成为全球竞争的关键策略。针对我国现阶段工程人才核心素养培养存在的分科教育缺乏整合、计算教育缺乏情景、伦理教育缺乏认同等问题，提出打造"两个平台"，实现理论实践深度交互；推进"三类融合"，落实核心素养培养理念；提升"四项能力"，促进核心素养落地生根等措施[31]。该研究关注智能化社会挑战背景下工程人才核心素养内涵，提出应更为关注计算素养、信息素养的培养，以提高工程人才对智能化工作情境的适应能力。

郑丽娜等基于对国内外卓越工程人才能力的相关研究、与关键核心技术领域卓越工程师的座谈和田野调查，利用扎根理论开展探索性研究，提出由基准行为能力、领域专属能力、领域通用能力、卓越行为能力 4 个维度 14 项核心能力相互关联和作用形成的新时代卓越工程师核心能力结构，并进一步指出"卓越"不是静态的学习成果要求，而是核心能力持续积累的动态行为；体现的不是等级，而是肩负的责任。明确新时代卓越工程师培养需要构建基于核心能力的模块化课程体系，深化产教融合培养，强化社会责任与伦理教育，助力加快建设具有中国特色世界水平的工程师培养体系[32]。该研究聚焦"卓越"的内涵与对应层次的核心素养体系，提出包括持续创造力、社会责任与伦理、自我调节与发展的"卓越行为能力"范畴。同时强调非认知性格特质对形塑核心素养体系的重要影响。

吴婧姗等通过对 7 家智能技术驱动型企业开展深度调研，并基于访谈资料的内容分析和工程需求分析，构建了包括基本职业能力、工程专业能力、可持续发展能力 3 个主维度和 12 个子维度的未来工程人才核心能力的基本框架。同时指出，我国企业对工程人才创新性思维与原始创新能力的重视仍然不足，对于从技术追赶到创新引领的转型契机没有较为充分、及时的响应[33]。该研究从人才需求侧，基于智能技术驱动型企业对未来工程人才的诉求进行核心素养体系建构。着重强调工程专业能力中"数字思维与建模仿真"与可持续发展能力中"跨界融合"等相关素养培养的重要性，及其对于未来工程师基于数字的复杂工程问题解决能力的重要意义。

吴涛等提出应从工程人才关键能力与经济发展之间的适应、支撑、引领关系及工程人才关键能力与工程人才自身可持续发展之间的关系两个方面把握工程人才关键能力的内涵，构建能够兼顾个体终身发展与国家战略发展共同需要的且具有普适性与联通性特征的工程人才关键能力的具体内容，其包含专业精神、专业能力、可持续发展能力 3 个维度 9 项能力。工程人才关键能力体系内涵将在课程设计、教学方式变革、教师发展、教育评价等方面发挥重要作用[34]。该研究强调工程人才自身可持续发展及其与国家战略发展的同向同行，研究以"专业精神"对包括家国情怀、生态意识、职业道德在内的能力范畴进行命名，凸显了专业精神需要与专业能力、可持续发展能力同频共振。

二、国内外代表性能力标准框架

《华盛顿协议》毕业生素质要求、美国 ABET 本科工程专业的毕业要求、《CDIO 能力大纲》及我国工程教育认证标准毕业要求，从解决复杂工程问题能力所需具备的技术能力、非技术能力及约束处置条件等维度提出了毕业生素质和职业能力基本要求，反映了国际工程教育及我国工程教育普遍认可的人才培养能力素质要求。关于工程人才核心素养的研究中，基于毕业生素质要求识别能力的研究是一个主要趋势[32]。有学者认为认证标准过于标准化、底线化，但其作为实质等效的最低标准，并不影响各国及高校开展面向未来的赋能设计，牵引本土化的核心素养体系培育。代表性能力标准框架并不扼杀对毕业要求内涵的创新，更鼓励高校根据产业需求、教育发展实际及趋势，进行人才培养特色优势的嵌入及与卓越工程素养的耦合。

（一）《华盛顿协议》毕业生素质要求

《华盛顿协议》毕业生素质要求从毕业生应掌握、展示的技能和应拥有的态度方面为其成员制定认证标准提供了参考，它本身不作为认证"国际标准"[22]。该框架是保证《华盛顿协议》成员毕业要求实质等效的基础，其从工程知识、问题分析、设计 / 开发解决方案、研究、使用工具、工程师与世界、伦理、个人与团队、沟通、项目管理与财务、终身学习等 11 个方面（见表 1）为成员制定标准毕业要求提供了参照点。该框架于 2021 年完成第四次修订，修订工作主要着眼于：联合国可持续发展目标（需考虑技术、环境、社会、文化、经济、金融和全球责任），适应工程专业人士和专业未来发展需求（需加强团队合作、沟通、伦理和可持续性方面必备素质），工程领域新兴技术和学科（需在保留学科独立方法的同时，增强数据科学、其他学科和终身学习能力），解决工程决策所需的智力敏捷性、创造力和创新能力（需在解决方案设计和开发中强调批判性思维和创新过程），多样性和包容性（需将这些因素纳入团队合作、沟通、合规、环境、法律等系统工作方式）[35]。

表1 《华盛顿协议》毕业生素质要求（2021 版）[36]

序号		毕业生素质要求
1	工程知识	应用数学、自然科学、计算与工程基础以及专业知识开发复杂工程问题的解决方案
2	问题分析	利用数学、自然科学和工程科学的第一原理，结合可持续发展的整体考虑，识别、表达、研究文献和分析复杂工程问题，以获得有效结论
3	设计 / 开发解决方案	设计针对复杂工程问题的解决方案，设计满足特定需求的系统、部件或工艺，并恰当考虑公共健康和安全、整个生命周期成本、净零碳，以及资源、文化、社会和环境要求
4	研究	利用研究方法对复杂的问题进行研究，包括基于研究的知识、设计实验、分析和解释数据，并通过信息综合得到合理有效的结论
5	使用工具	针对复杂工程问题，开发、选择与使用恰当的技术、资源、现代工程工具和信息技术工具，包括预测与模拟，并能够理解其局限性
6	工程师与世界	解决复杂工程问题时，分析和评估可持续发展对社会、经济、可持续性、健康和安全、法律框架和环境的影响
7	伦理	运用道德原则，遵守职业道德和工程实践规范及相关国家和国际法，理解多样性和包容性的必要性
8	个人与团队	在多样化和包容性团队及多学科、面对面、远程和分布式环境中，作为个人、成员或领导者有效地发挥作用
9	沟通	就复杂工程活动与工程界及社会公众进行有效的和包容性的沟通和交流，如能够理解、撰写有效报告和设计文档，进行有效的介绍，在此过程中考虑到文化、语言和知识的差异
10	项目管理与财务	理解和掌握工程管理原理和经济决策方法，将其应用于自己的工作，作为团队成员和领导者应用于管理项目和多学科环境
11	终身学习	认识到在最广泛的技术变革背景下有必要并准备好和有能力自主学习和终身学习；适应新技术和未来技术；在最广泛的技术变革背景下进行批判性思维

《华盛顿协议》毕业生素质要求体现了新工业革命所引发的社会需求变化对工程人才核心素养所提出的新要求；关注了联合国可持续发展目标对未来工程及工程师所提出的新要求。从以下变化可见一斑，包括工程知识中新增"计算与工程基础"，问题分析中提出基于"工程科学第一原理"及"可持续发展的整体考虑"，设计 / 开发解决方案中强调关注"整个生命周期成本"与"净零碳"，工程师与世界的范畴调整，伦理中突出"理解多样性和包容性的必要性"，个人与团队中"多学科、面对面、远程和分布式环境"的解释，沟通中"包容性"的限定，终身学习中要求具备"在最广泛的技术变革背景下进行批判性思维"等。

《华盛顿协议》毕业生素质要求聚焦解决复杂工程问题的能力。2021版复杂工程问题定义（见表2）为界定工程人才核心素养提供了重要切入点。包括将"技术、工程和其他问题"调整为"技术、非技术问题"，强调了非技术问题在复杂工程问题解决中的重要影响，将非技术问题涉及的主要方面予以明确说明，同时强调了对需求进行动态性、前瞻性考量的必要性；增加了"创造性"的限定，体现了模型建立过程不能或不能完全遵循既有范式，需要富有创造性，富于创新性；增加了"新兴问题"的范畴，体现了在新技术革命及产业和社会变革中，复杂工程问题的复杂性在很大程度上表现为其系统结构、影响因素等方面与现有问题具有显著差异，部分因素是前所未见的；强调"跨工程学科、其他领域"和"协作"，体现了复杂工程问题影响因素的跨界性、交叉性、综合性和复杂性，及在多学科背景下开展团队合作对解决复杂工程问题的重要性；强调"系统方法"，体现了系统方法对于解决系统构成呈现多样性、系统内部和外部影响因素呈现复杂性的工程问题的重要性等方面。

表2 《华盛顿协议》复杂工程问题定义（2021版）[35]

序号	复杂工程问题定义
WP1	如果没有一个或多个WK3、WK4、WK5、WK6或WK8的深入工程知识（允许采用基于基本原理的、第一性原理的分析方法）则无法解决
WP2	涉及广泛的和/或相互冲突的技术、非技术问题（如伦理、可持续性、法律、政治、经济、社会），以及对未来需求的考虑
WP3	没有明显的解决方案，需要抽象思维、创造性和原创性分析才能建立合适的模型
WP4	很少遇到的问题或新兴问题
WP5	解决的问题是专业工程标准和实践规范未包含的
WP6	涉及跨工程学科、其他领域和（或）具有广泛不同需求的不同利益相关者群体的协作
WP7	具有许多组成部分或子问题的高级问题，可能需要采用系统方法才能解决

（二）美国ABET本科工程专业的毕业要求

美国ABET是《华盛顿协议》的发起工程组织之一，其认证体系具有国际公认的权威性，通过ABET认证意味着一所大学可以培养具有国际竞争力的工程师。

ABET本科工程专业毕业要求（见表3）关注经济社会新发展对工程人才"全球视野""有效沟通""协作与包容""学习能力"等核心素养的

要求。"全球视野"明确解决方案设计中充分考虑全球影响因素，在实施中充分关注其对全球可能产生的影响，并具备作出明智判断的能力。与系列受众进行"有效沟通"突出了沟通对象的复杂性，包括特定及潜在的工程利益相关者等；强调沟通方案的有效性，即根据具体的沟通对象选择恰当的沟通方法和途径，包括撰写报告和设计文稿、陈述发言、清晰表达或回应指令等，能够理解与业界同行和社会公众交流的差异性，理解和尊重世界不同语言，并具有跨文化背景进行有效沟通的能力。"协作与包容"强调需要跨工程学科及其他领域，与具有广泛不同需求的不同利益相关者群体进行包容性的协作，以共同面对复杂工程问题涉及的、广泛的、相互冲突的技术领域问题和非技术领域问题。"学习能力"关注在终身学习意识基础上，具备终身学习的思维和行动能力，并能接受和应对新技术、新事物和新问题所带来的挑战。

表3　ABET 本科工程专业的毕业要求（2023—2024）[37]

序号	毕业要求内容
1	应用工程、科学和数学原理来识别、确定和解决复杂工程问题的能力
2	考虑公共健康、安全和福利，以及全球、文化、社会、环境和经济因素，应用工程设计得出满足特定需求的解决方案
3	与系列受众进行有效沟通的能力
4	考虑工程解决方案在全球、经济、环境和社会环境中的影响，明确工程领域的道德和职业责任并做出明智判断的能力
5	在一个成员共同领导、创建协作和包容环境、建立目标、计划任务和实现目标的团队中有效发挥作用的能力
6	开发和进行适当实验，分析和解释数据，使用工程判断得出结论的能力
7	使用适当学习策略，获取和应用所需新知识的能力

ABET 本科工程专业毕业要求同样聚焦解决复杂工程问题能力。将复杂工程问题定义为"包括以下一个或多个特征：涉及广泛或相互冲突的技术问题，没有明显的解决方案，解决当前标准和规范未涵盖的问题，涉及不同的利益相关者，包括许多组成部分或子问题，涉及多个学科，或在系列背景下产生重大影响"。该定义与《华盛顿协议》复杂工程问题定义内涵基本一致，其对工程人才核心素养界定的影响不再赘述。需要关切的是与复杂工程问题相关的工程设计内涵所发生的变化：强调设计是具有"迭代性和创新性"的决策——执行过程；明确工程设计的过程，即识别机会、开发

需求、执行分析综合、生成多个解决方案、根据需求评估解决方案、考虑风险并权衡、获得高质量解决方案；扩充工程设计要考虑的约束条件，包括可访问性、美学、规范、可施工性、成本、人体工程学、可扩展性、法律考虑、可持续性等，这对工程设计能力提出了更高要求[38]。工程设计是持续工程活动始终的核心环节，需要工程人才具有极强的系统思维、创新意识、沟通合作能力，以应对学科交叉与跨界融合、技术因素与非技术因素叠加、不同利益相关方诉求冲突等挑战。

（三）《CDIO 能力大纲》

《CDIO 能力大纲》将工程师应具备的基础知识、个人能力、团队能力和 CDIO 全过程能力以逐级细化的方式呈现出来，使工程教育改革具有更加明确的方向性、系统性[39]。与上述两个毕业要求能力框架相比，《CDIO 能力大纲》体系除明确核心能力范畴外，还系统勾画了其实施路线图，将 4 个能力范畴逐层细化为 400 多款能力要素，以增强其对具体培养过程的指导意义及可操作性。

《CDIO 能力大纲》2.0（见表 4，表中仅列至第二层级）中"系统思维""态度、思维与学习""领导工程探索 / 创新""工程创业（企业家）"等是面向未来建构工程人才核心素养体系研究论及较多的几个方面。"系统思维"划分为整体性思维、系统的显现和交互作用、确定主次与重点、确定解决方案时的权衡、判断与平衡等。以"确定解决方案时的权衡、判断与平衡"为例，又细化为通过权衡取舍的方法，找到系统的紧张关系和解决问题的因素；选择并使用解决问题的方法，通过平衡各种因素消除紧张关系，优化整体系统；系统在生命周期内的灵活解和最优解的对比；系统思维过程中可以改进的地方等。将"系统思维"这一相对抽象范畴予以具体化，有利于准确理解该素养的内涵及其与人才培养体系和具体工程环境、工程活动的对应性，对于其培养路径及方案的设计具有清晰的指导作用。"态度、思维与学习"划分为：在面对不确定时做决策的主动性和意愿，毅力、完成任务的紧迫感和决心、变通的智慧，创造性思维，批判性思维，自我认识、认知构成、知识整合，终身学习和教育，时间和资源的管理等。该范畴是工程人才应对未来挑战必备的核心素养，也是目前人才培养过程中需要关注与改进的方面。"领导工程探索／创新""工程创业（企业家）"是《CDIO能力大纲》1.0向2.0迭代中新增的内容，是对未来工程人才应具备更强的领导力、商务管理能力、创新创业能力相关要求的积极回应。

表4 《CDIO能力大纲》2.0[40]

序号	一级指标	二级指标
1	学科知识和推理	1.1 数学和自然科学基础知识 1.2 核心工程基础知识 1.3 高级工程基础知识、方法与工具
2	个人能力、职业能力和态度	2.1 分析性推理和解决工程问题 2.2 实验、调查和发现知识 2.3 系统思维 2.4 态度、思维与学习 2.5 道德伦理、公平和其他责任
3	人际交往能力：团队工作和交流	3.1 团队工作 3.2 交流 3.3 使用外语的交流
4	在企业、社会和自然环境背景下的构思、设计、实施、运行系统——创新的过程	4.1 外部、社会和自然环境的背景 4.2 企业与商业环境 4.3 构思、系统工程方法和管理 4.4 设计 4.5 实施 4.6 运行 4.7 领导工程探索／创新 4.8 工程创业（企业家）

（四）我国工程教育认证标准毕业要求能力框架

为进一步推动落实立德树人根本任务，引导参与认证专业和专家逐步落实联合国可持续发展目标和《华盛顿协议》毕业要求框架（2021版）相关内容，根据认证工作需要，中国工程教育专业认证协会组织修订并于2022年11月发布了《工程教育认证通用标准解读及使用指南》（2022版）。在毕业要求标准项的解释（见表5）中，明确《华盛顿协议》毕业要求框架（2021版）有关修订内容，以引导参与认证专业和专家深入理解、提前应对、逐步落实联合国可持续发展目标和修订中新增的计算思维、可持续发展、全生命成本、零净碳排放目标、多样性和包容性等内容，并进一步明确以工程师为主要目标的本科层次人才培养应将解决问题的范畴定位在"复杂工程问题"[41]。

我国工程教育认证标准毕业要求与《华盛顿协议》毕业要求框架保持

实质等效。二者的架构具有高度一致性，内涵具有实质等效性。存在的差异主要体现在，我国标准毕业要求问题分析项中，未涉及"第一性原理"的表述；职业道德项中，使用"职业道德"替代了"伦理"，该项毕业要求内涵表述亦有一定差异；沟通项中，使用"复杂工程问题"替代了"复杂工程活动"；项目管理项中，未单独体现"财务"；个人与团队项和终身学习项表述略有差异等方面。我国工程教育认证标准毕业要求与 ABET 本科工程专业毕业要求相比，能力要求标准高于后者，主要是由于我国目前还没有建立起与美国和欧洲主要国家类似的、在工程教育界和工程界广泛认可的工程师注册制度，中国工程教育专业认证协会希望标准毕业要求能够涵盖所有工程专业工程师均必须具备的能力和素质[42]。

表 5　我国工程教育认证标准毕业要求 [43]

序号	毕业要求		《工程教育认证通用标准解读及使用指南》（2022 版）中毕业要求项解释涉及变动的主要内容（相较于 2020 版）
0	总体要求	专业应有明确、公开、可衡量的毕业要求，毕业要求应支撑培养目标的达成。专业制定的毕业要求应完全覆盖以下内容	"覆盖"是指专业制定的毕业要求在广度和深度上应能完全覆盖标准中 12 条毕业要求所涉及的内容，特别关注 12 项标准中对培养学生解决复杂工程问题能力的要求。本科工程教育的主要任务之一是培养学生解决复杂工程问题的能力，本标准提出的 12 项毕业要求体现了该能力的核心要素，因此，专业毕业要求必须保证与本标准要求实质等效
1	工程知识	能够将数学、自然科学、工程基础和专业知识用于解决复杂工程问题	学生必须具备解决复杂工程问题所需数学、自然科学、计算、工程基础和专业知识（包含专业领域相关的社会科学知识）。（1）能系统理解数学、自然科学、计算、工程科学理论基础并用于本专业领域工程问题的表述；（2）具有本专业领域需要的数据分析能力，能针对具体的对象建立数学模型并利用计算机求解；（3）能够将相关工程专业知识和数学分析方法用于推演、分析专业工程问题；（4）能够利用系统思维的能力，将工程知识用于专业工程问题解决方案的比较与综合，并体现本专业领域先进的技术

（续表）

序号		毕业要求	《工程教育认证通用标准解读及使用指南》（2022版）中毕业要求项解释涉及变动的主要内容（相较于2020版）
2	问题分析	能够应用数学、自然科学和工程科学的基本原理，识别、表达，并通过文献研究分析复杂工程问题，以获得有效结论	能运用基本原理，借助文献研究，并从可持续发展的角度分析工程活动过程的影响因素，获得有效结论
3	设计/开发解决方案	能够设计针对复杂工程问题的解决方案，设计满足特定需求的系统、单元（部件）或工艺流程，并能够在设计环节中体现创新意识，考虑社会、健康、安全、法律、文化以及环境等因素	在设计中能够考虑公共健康与安全、节能减排与环境保护、法律与伦理，以及社会与文化等制约因素
4	研究	能够基于科学原理并采用科学方法对复杂工程问题进行研究，包括设计实验、分析与解释数据，并通过信息综合得到合理有效的结论	研究过程中能意识到批判性思维和创造性方法对评价新问题的重要性
5	使用现代工具	能够针对复杂工程问题，开发、选择与使用恰当的技术、资源、现代工程工具和信息技术工具，包括对复杂工程问题的预测与模拟，并能够理解其局限性	现代工具包括技术、资源、现代工程工具和信息技术工具（包括预测和建模）。能够针对具体的工程问题对象，通过组合、选配、改进、二次开发等方式创造性地使用现代工具进行模拟和预测，满足特定需求，并能够分析其局限性
6	工程与社会	能够基于工程相关背景知识进行合理分析，评价专业工程实践和复杂工程问题解决方案对社会、健康、安全、法律以及文化的影响，并理解应承担的责任	
7	环境和可持续发展	能够理解和评价针对复杂工程问题的工程实践对环境、社会可持续发展的影响	知晓和理解"联合国可持续发展目标SDG17"
8	职业规范	具有人文社会科学素养、社会责任感，能够在工程实践中理解并遵守工程职业道德和规范，履行责任	恪守工程伦理，理解并遵守工程职业道德和规范，尊重相关国家和国际通行的法律法规；在工程实践中，能自觉履行工程师对公众的安全、健康和福祉社会责任，理解和包容多元化的社会需求

（续表）

序号		毕业要求	《工程教育认证通用标准解读及使用指南》（2022 版）中毕业要求项解释涉及变动的主要内容（相较于 2020 版）
9	个人和团队	能够在多学科背景下的团队中承担个体、团队成员以及负责人的角色	能够在多学科、多样性、多形式（面对面、远程互动）的团队中与其他团队成员进行有效的、包容性的沟通与合作
10	沟通	能够就复杂工程问题与业界同行及社会公众进行有效沟通和交流，包括撰写报告和设计文稿、陈述发言、清晰表达或回应指令，并具备一定的国际视野，能够在跨文化背景下进行沟通和交流	了解专业领域的国际发展趋势、研究热点，理解和尊重世界不同语言、文化的差异性和多样性
11	项目管理	理解并掌握工程管理原理与经济决策方法，并能在多学科环境中应用	"工程管理原理"主要指按照工程项目或产品的设计和实施的全周期、全流程的过程管理，包括涉及不同学科交叉的多任务协调、时间进度控制、相关资源调度、人力资源配备等内容
12	终身学习	具有自主学习和终身学习的意识，有不断学习和适应发展的能力	能在最广泛的技术变革背景下，认识到自主和终身学习的必要性；具有自主学习的能力，包括对技术问题的理解能力、归纳总结的能力、提出问题的能力，批判性思维和创造性能力；能接受和应对新技术、新事物和新问题带来的挑战

三、工程人才核心素养再认识

工程人才核心素养体系建构需要对其属性及体系特征具有充分的认识，我国相关研究均建立在此基础上，但相关文献更关注体现作为研究结果的核心素养体系的结构、内容及相互关系。以下对工程人才核心素养属性及体系特征进行归纳总结与研究分析，并对《中国学生发展核心素养》、工程人才核心素养（我国学者部分研究结果）、《华盛顿协议》毕业生素质要求、ABET 本科工程专业的毕业要求、《CDIO 能力大纲》、我国工程教育认证标准毕业要求中的核心素养相关内容进行结构与内容的分解，以期从应然和实然角度进一步分析核心素养及其体系的内涵与外延。

（一）工程人才核心素养属性再认识

1. 核心素养聚焦工程的本质

工程是以满足人类社会发展需求为目标，在约束处置条件下集成科学、技术、社会、人文等各领域知识体系所进行的改造活动与过程。工程的进步取决于基本内涵所表达的科学、技术要素本身的状况和性质；工程的进步也取决于非技术要素等所表达的一定历史时期的社会、经济、文化、政治等因素的状况。工程具有明显的社会性、实践性、创造性、集成性、生态性、道德约束性等特征。工程人才作为工程活动的主体，其具备的核心素养包括内在品性与外在能力决定工程的研究、开发、设计、实施、生产、管理等全部环节的推进过程与方向，在具体的工程实践活动中转化为可观察、可比较、可测量、可评价的综合性指标，其行为素养最终体现在工程文化中 [30]，工程文化又反向诉诸核心素养的持续培育与终身发展。所以，工程人才核心素养源于工程活动本质属性的内在要求，形成于工程教育与特定情境下的工程活动中，浸润于多元化的工程文化中，作用于工程活动全部环节，实现于对工程进步的持续驱动中。

2. 核心素养聚焦个人与社会协同发展

核心素养相关研究源起于教育对实现个人成功生活与社会完善进步目标的朴素追求。核心素养界定与选择、培养与发展应个人自我发展和社会进步需要而生，个人与社会协同发展是核心素养的本源属性，也是根本价值取向。核心素养"key competencies"中"competencies"强调"胜任力"层次的内涵，指个人具备核心素养以实现从容面对及有效胜任工作需求不断变化的同一岗位、相关类别具有不同要求的岗位和社会发展带来的其他挑战，并在这个过程中保持终身学习的能力，实现持续的自我发展。工程的所有定义均体现工程造物活动的初衷与目的是为人类社会谋取福祉，工程的所有属性均与"社会性"有内在关联。核心素养聚焦工程的本质，同时蕴含了聚焦个人与社会协同发展的本意。"学生发展核心素养指学生应具备的、能够适应终身发展和社会发展需要的必备品格和关键能力"，要求我们从个体和社会两个方面的需求来确定和培养核心素养，因为只有具备这些素养，学生才能成功地适应社会，实现自我全面发展的同时推动社会可持续发展。

3. 核心素养聚焦未来发展

核心素养是对社会期待的未来公民的关键品性与核心能力框架的描绘，并基于此开展核心素养的界定与选择，优化教育的方向与策略。教育的首要目标不是仅仅让学生在学校中表现出色，而是帮助他们在走出校园后可以生活得更好，即培养学生形成伴随其一生的能力[44]，这是核心素养的根本所在。核心素养立足于未来。有研究显示，以目前知识更迭的速度计算，学生入学所学知识在其毕业时大部分已经发生了变化，我们要追逐知识发展的脚步，更要具备终身学习的意识，具备自发、持续并有效学习的能力。核心素养服务于未来。在学校获得的所有知识、能力及素质储备，需要在工程活动实际情境下付诸工程实践，表征为具体的行为。核心素养不囿于受教育者的学业成绩，而关切未来工程实践中核心素养体系对行为素养的指引，及关键品性与核心能力的进一步发展。核心素养发展于未来，高校不是核心素养培养的终点站，而是适合作为加油站，受教育者所具备的核心素养要在工程实践中、工程不断发展的新要求中，在更远的未来的挑战下，完成持续发展与更迭。所以，无论是核心素养还是由其决定的教育方向与策略，以及受教育者在工作岗位上的持续学习均应坚持未来视角，以未来发展为导向。

4. 核心素养聚焦本土化内核

核心素养有"21世纪素养"的另称，反映了人们在面对21世纪突如其来的技术变革、工业革命等足以颠覆人们现有思维、生产、生活方式的各方面挑战时，对培养和具备应对未来挑战的核心素养的渴求。"21世纪素养"更多地反映了极具时代特征背景下，能够应对各种挑战的人们的"模样"。OECD、欧盟等国际组织，麻省理工学院、欧林工学院等国际院校纷纷提出核心素养框架，这些框架均基于对工程发展趋势和本土工程师发展需求的充分分析与判断。本土化需求是核心素养的内核，是核心素养发展的内驱力，核心素养源于本土需求对未来人才能力与品性关键指征的诉求，也主要服务于本土发展。这里需要解释的是"本土化"与"国际视野"并不是舍我其谁的对立关系，而是追求立足本土的国际视野和国际视野下的本土需求审视。具体到我国，核心素养的内涵聚焦我国独具文化特色的伦理精神和道德规范，才能彰显我国优良伦理道德精神，有效地适应和促进我国社会的健康有序发展；如果不是立足于中国的社会现实、伦理道德和历史传统，就无力为指引我国学生发展核心素养提供一幅理想的教育图景[45]。

5. 核心素养聚焦超越学习内容的高级素养

核心素养代表一系列知识、技能和态度的集合，是可迁移、多功能的，包括但不限于"批判性思维""决策能力""问题解决""自我调整"之类的高阶认知能力，沟通与协作之类的社会技能，以及反省性思维、自律性、协作性、责任感之类的人格特征与态度[46]。核心素养是高级素养不是基础素养或全面素养，体现在其具有可迁移性、跨学科性、综合性等方面。核心素养的可迁移性表现为已有认知在学科内部、学科之间、学习与应用之间、不同应用领域之间的迁移，同时促进认知结构的发展与更新。工程的集成性属性部分映射为工程教育跨学科及工程实践中跨界融合寻求问题解决方案的要求，这也是核心素养具有跨学科性及要求受教育者及工程活动主体具有跨学科识别问题、设计方案并解决问题能力的内在要求。跨学科不同于多学科，其要求高于某一特定学科的知识，也高于某几个特定学科的知识，是将几个特定学科知识围绕特定工程问题产生的节点进行联结，最终实现的"融会贯通"。核心素养的综合性表现为其是对知识、能力、态度的综合与超越，于学校学习而言，体现为将具体学习内容刨除后沉淀下的产物；于工程实践而言，体现为行为素养的提升；于终身学习而言，体现为学习能力的不断超越。

（二）工程人才核心素养体系再认识

1. 核心素养体系聚焦整体性与交互性

核心素养体系在问题情境中通过解决问题的实践培育起来，其各层级及组成部分在实践中产生关联、实现交互、不断促进，发展成为一个整体，各个核心素养在变化的情境中联结在一起发挥作用。各核心素养间具有关联性，是由工程的社会性、集成性等属性所决定的。工程活动过程受到技术的、非技术的复杂因素影响，需要考虑工程利益相关方的不同诉求，需要关注工程对人类、社会、文化、生态可能带来的影响，且这些因素和诉求的交织使工程活动及其解决方案愈加复杂化。这要求工程活动主体具有以关键品性为基础的工程领域核心专业能力、跨工程学科的融合能力、跨不同学科的兼容能力、跨业界的包容能力等等。核心素养各组成部分在其形成和发展的过程中建立有效的联结，形成一个有机整体。在开展工程实践、创造社会价值、面对未来挑战等过程中，关键品性为核心能力指引方向并提供价值观支撑；在特定工程情境中，部分核心能力牵引和调动其他核心能力，各核心能力通过交互形成有效整合，共同发挥作用。在这个过程中，各核心素养间还体现相互促进效应，个人效能能力在工程经验积累与持续学习中提升，促进包括判断与决策、规划与组织、团队与合作在内的职场能力发展，在此基础上进一步提高了与岗位胜任力及行业竞争力相关的核心素养。

2. 核心素养体系聚焦解决问题能力与品质性格的系统性

关于核心素养体系的研究及基于研究结果所建立的多样化核心素养结构或模型，体现了人们对其理解的不断深入及视角的多元化。但无论何种核心素养结构均至少包括解决问题的核心能力与品质性格中的关键品性，再将核心能力和关键品性根据不同的视角及相应逻辑进行划分，构成具有系统性的体系。品性是行为的准绳，是行为方向的指引，通过行为予以展现，并能够在行为中完善及升华。关键品性是品性中最紧要的，对行为指引具有决定性影响的部分。工程实践活动中，关键品性在核心能力向行为素养的转化中体现价值引领、内驱推动、边界限制等作用。同时，关键品性在行为素养不断积淀所形成的工程文化中得以完善与升华，进而对核心能力提供更加有力的精神力量与价值观念支撑。如此循环往复，驱动工程活动主体核心素养的螺旋式持续上升发展。关键品性内部及核心能力内部也同样体现系统性，如上一部分所述，其作为核心素养体系的子系统或系统有机组成部分共同在工程实践中发挥作用。所以，核心素养体系的建构需要充分考虑社会发展及未来挑战对工程人才关键品性与核心能力的综合要求，对其进行系统性搭建，保障核心素养体系内容结构合理性及整体产出的最大化。

3. 核心素养体系聚焦"变"与"不变"的共生

未来挑战在变，核心素养体系变还是不变？核心素养属性决定了其体系的演进体现"变"与"不变"的孪生性，包括以"不变"应"万变"和以"变"应"变"。关键品性的形成受教育、文化、环境等因素的影响，相对固化后具有一定的稳定性，可以理解为是核心素养体系中以不变应万变的部分，其所包含的家国情怀、责任担当、工程伦理、职业道德、工匠精神等是核心素养体系的基石。在工程实践中，关键品性相对稳定地发挥其对核心能力向行为素养转换的内驱作用及价值观支撑作用。关于核心能力及其架构的发展方向和培养策略的分析与判断，需要敏感地"审时度势"与果断地"应时而变"。对于新工业革命背景下技术迭代提速及产业转型升级带来的，全面、深入、既快速又持续不断的挑战，最先考虑的是工程人才核心能力及框架的"变"与"如何变"，需要通过自律与自觉的持续学习，保持持续的创造力，从而适应并引领产业变革与未来发展，即以核心能力的"变"应对未来挑战的"变"。但在某种意义上，这亦是一种以"不变"应"万变"，"不变"的是自律自觉与持续学习，"万变"的是未来挑战与社会需求。总之，核心素养体系聚焦"变"与"不变"的共生。

（三）核心素养解构

上述关于我国核心素养研究相关情况的梳理与分析，及对核心素养、核心素养体系的再认识，明确了核心素养特别是工程人才核心素养及体系的属性、内涵及外延。关于国内外代表性能力标准框架的分析，明晰了国际工程教育及我国工程教育普遍认可的人才培养能力素质要求。以下对我国相关研究涉及的、具有典型意义的核心素养及可进行面向未来赋能的能力标准框架中的有关能力素质要求进行解构（见表6），以提供更为清晰的工程人才核心素养集全景图。需要说明的是，"解构"是复杂而多义的范畴，这里仅取其对某种事物的结构和内容进行分解和分析之义。

表6 来自学者研究的部分典型核心素养及国内外代表性能力框架的部分能力素质要求

层面	《中国学生发展核心素养》	工程人才核心素养（学者研究）[31][32][30][33][47][48]	《华盛顿协议》毕业生素质要求	ABET 本科工程专业毕业要求	《CDIO 能力大纲》	我国工程教育认证标准毕业要求
关键品性	责任担当（社会责任、国家认同、国际理解）科学精神（勇于探究）健康生活（珍爱生命、健全人格）	道德思想 理想信念 历史使命 家国情怀 社会责任 工匠精神 职业道德 伦理道德责任 非认知和性格特质	工程师与世界及伦理	工程师与世界及伦理	道德伦理、公平和其他责任	工程与社会、环境和可持续发展、职业规范
核心能力	实践创新（劳动意识、问题解决、技术应用）	元认知能力 学科认知能力 工程设计思维 系统设计能力 计算思维能力 数据思维与建模仿真能力 抽象能力 信息处理能力 跨学科能力 跨界整合能力 界定限制条件能力 知识反思能力 逻辑推理能力 系统思维能力 创造性思维与原始创新	工程知识 问题分析 研究 设计/开发解决方案 使用工具 个人与团队 沟通 项目管理与财务 终身学习	工程知识 设计/开发解决方案 有效沟通 团队合作 分析与判断 知识的获取与应用	学科知识和推理 分析性推理和解决工程问题 实验、调查和发现知识 系统思维 态度、思维与学习 团队工作 交流 外部、社会和自然环境的背景 企业与商业环境 构思、系统工程方法和管理 设计	工程知识 问题分析 设计/开发解决方案 研究 使用现代工具 个人和团队 沟通 项目管理 终身学习

（续表）

层面	《中国学生发展核心素养》	工程人才核心素养（学者研究）[31][32][30][33][47][48]	《华盛顿协议》毕业生素质要求	ABET本科工程专业毕业要求	《CDIO能力大纲》	我国工程教育认证标准毕业要求
核心能力		情景适应能力 决策判断能力 领导协作能力 全球胜任力 持续创造力 开放、共享与合作 沟通表达能力 人本思维 用户思维 自我迭代能力 科研洞察与好奇心 前沿兴趣与技术开发能力 终身学习能力			实施 运行 领导工程探索/创新 工程创业（企业家）	

注：

1. 表中同一体系下部分核心素养、能力素质要求的内涵有交集，但不完全相同，故均予列入。

2. 表中部分核心素养、能力素质要求的内涵同时涉及关键品性与核心能力，将其列入更相关的部分。

3. ABET本科工程专业毕业要求的关键词归纳参照了《华盛顿协议》毕业生素质要求相关内容。

4. 《CDIO能力》大纲中"学科知识和推理"为一级指标名称，其他为二级指标名称。

关键品性层面，6 个体系均聚焦社会责任与工程伦理，体现了工程社会性、生态性、道德约束性等核心属性与核心素养聚焦工程本质、人与社会协同发展的共同要求。《中国学生发展核心素养》和我国学者的研究高度关注国家认同、家国情怀、历史使命、理想信念在核心素养体系中的重要作用，对于精神层面价值观念对实现自我终身发展和社会可持续发展、内在个体价值与外在社会价值统一的根源性影响具有高度认同，所建立的核心体系模型中相关内容均置于根基层面。情绪智能、自我效能在提高心理素质、激发自立自强意识、造就百折不挠的毅力、保持持续稳定的情绪等方面对实现"成功的生活和完善的社会"目标的支撑作用被愈加关注和重视。

核心能力层面，6 个体系均聚焦有效沟通、团队合作、终身学习等核心素养，这些素养既是参与工程活动的基本素养，也是工程活动主体不断追求卓越的必备品质。我国学者研究界定的核心素养内涵丰富、覆盖广泛，涉及元认知与学科的认知、计算思维与信息素养、跨学科与跨业界、反思与创新、决策与创造、人本思维与用户思维、自我调节与发展等方面。"计算思维和信息素养"要求与云技术、大数据、互联网和人工智能赋能产业发展，"跨学科和跨业界"要求与新工业革命背景下学科之间、行业之间界限日趋模糊，"反思、创新和创造"要求与工程问题和工程环境影响因素愈加复杂具有密切关系，体现了我国学者追求工程人才核心素养体系架构与未来挑战对人才需求相契合的自觉性与前瞻性。其中，元认知能力关注对认知的认知，要求受教育者进行各种认知活动的同时，具备通过再感知、再思维对认知活动进行积极调节与调整的能力；人本思维关注工程活动主体寻求自我持续发展过程中主动性激发及个体人格独立与完善；持续创造力关注情景适应能力、决策判断能力、领导协作能力、全球胜任力交互所驱动的创造性思维与创造力品质；自我迭代能力关注对前沿技术的敏感度与洞察力，通过自我革命，不断发展并利用机会窗口，迅速适应不断变化的环境 [31]。以上均是应对未来更加复杂、严峻的挑战所应具备的核心素养，以建构更加系统、稳定的职业胜任力结构。

第二节 核心素养 建构视角

工程人才核心素养聚焦工程本质属性与工程教育回归工程本质属性，映射了从工程本质及工程未来发展趋势出发，明晰工程人才最需要具备什么素养及工程教育人才培养进路如何设计的必要性。工程本质及工程未来发展趋势分别是核心素养体系建构的本源依据和现实依据。作为工程人才供给侧与需求侧的工程教育利益相关者对核心素养的诉求亦是核心素养体系建构的重要依据，但在此前研究与实践中被重视不足。从多重视角明确新工业革命背景下现代工程对新型工程人才需求的特征，准确把握核心素养体系内涵及发展趋势，是进一步调整人才培养目标及实施路径的重要基础。本书不志在建构一种新的核心素养体系，但可为核心素养体系建构分享以下研究视角。

一、工程本质视角

工程的本质在很大程度上决定了工程教育的本质。工程教育从技术范式到科学范式再到工程范式，包括在未来将走向何种范式，实质上都是一个向工程的本质不断皈依、逆反、重聚、演进的过程[49]。核心素养研究起源于工程需要，发展于工程进步，核心素养具有聚焦工程的本质属性，也是工程教育的重要产出。工程的本质是认识核心素养、明晰核心素养的界定与选择原则并建立核心素养体系的本源依据。

（一）社会性

工程主体是具有协作关系、体现不同社会角色的群体性组织。工程实施过程包括方案设计与实施、运行与维护、管理与循环等，均受到社会条件及社会规约的影响和制约。工程的产物需要满足社会需求。工程的影响具有社会性，工程以造福人类、创造更加美好的生活为宗旨，所有的工程活动均受该目标驱动而朝着正确的方向开展。工程社会性要求工程活动主体建立全面的工程观，正确理解工程与社会的深层次关系，不是将工程抽象地看作人与自然和社会之间简单地征服与被征服、攫取与供给的关系，而是人类以社会化的方式并以技术实现的手段与其所处的自然和社会环境之间所发生的相互作用与对话[50]。

（二）实践性

工程是实际改造客观世界的以建造为核心的实践活动，其本质是为了解决问题。工程具有实践活动的本质属性，即实践是意识和物质辩证统一的基础，是人们能动地改造和探索现实世界一切客观物质的社会性活动，具有客观性、主观能动性和社会历史性。工程活动的主体、客体、对象、工具、结果和过程均是客观的。工程活动主体有自己的主观世界，具有超越自然界的主观能动性，在特定意识与目的指导下开展具体的实践活动。工程活动是在特定社会历史背景下开展的受相关条件制约的实践活动。工程活动主体主观能动性的发挥有其客观基础，并受社会历史条件制约，这是影响核心素养界定与选择的逻辑基础。同时，实践性作为工程的本质属性，决定了实践能力是工程人才能够创造性地解决实际工程问题的核心能力，也是核心能力体系的重要引擎。

（三）创造性

工程有别于科学与技术，科学反映已经存在的事物，技术探寻变革已经存在事物的具体方法，而工程创造之前不存在的事物。工程活动是典型的人类自主行为，是有意识地对世界进行探索和改造，并产生以前没有的事物的创造性实践活动。工程活动具有开创性与创新性，体现在工程理念、设计、实施、维护与管理的全过程。工程活动主体需要具备持续的学习发展能力，并保持探索未知的精神、开拓新领域的意识及克服前路困难的毅力，将创新理念、创新设计通过技术改造与技术革新等手段不断转化为现实存在。工程的创造性对工程活动主体的创新能力特别是原始创新能力、前沿洞察能力、自我迭代能力、终身学习能力及开拓进取的关键品性等核心素养提出了全面要求。

（四）集成性

工程需要集成众多工程要素，包括技术要素与非技术要素等。工程要素本身、工程要素选择及集成过程均受社会历史条件制约，并体现统一性、协同性及相对稳定性，以实现要素间关系及效能的最优化。这要求工程活动主体在具体工程情境下根据特定需求，整合各项工程要素及资源，预判要素之间可能存在的冲突及解决方法，并关注非技术要素的边界，体现整体意识及系统意识。针对具体的工程活动主体来说，这个过程是围绕解决工程问题的目标对已有工程知识、技能及相关经验的再认识，需要具备人本思维、用户思维、逻辑推理能力、系统思维能力等核心素养予以支撑。

（五）生态性

工程是"人类以社会化的方式并以技术实现的手段与其所处的自然和社会环境之间所发生的相互作用与对话"。工程特别是大型工程对生态环境的影响是直接的，也是深远的。工程活动不能无限度地索取、利用自然资源，而应从信奉"人是自然的主人"转变到"人是自然的一员"上来，既要满足人的物质和精神需求，也要满足生态的需求，顺应和服从自然生态规律，提高人类整体生活质量，实现社会、自然与人类持续发展[51]。可持续发展的工程理念，充分考虑生态环境的工程设计，节能与环保的工程实施，关注生态长远利益的工程维护与循环等自我要求与自觉行动，是社会责任、职业道德、工程伦理等核心素养在工程实践中的具体体现。

（六）道德约束性

工程活动旨在为人类提供便利，创造更美好的生活。工程的社会性决定了工程活动及其产物将对社会的发展进步产生持续不断的重要影响。但人类作为工程活动主体在受到各方面利益吸引，或片面追求技术进步的功利心驱使，或因客观条件限制对事物认知存在局限性等的情况下，可能做出有违社会道德规范的工程决策。没有道德的约束，忘却人类福祉的初衷，技术的发展和使用将变得无所顾忌，其带来的后果不难想象。所以，工程活动与其他社会活动相比更应该受到道德的规制和约束。道德思想、理想信念、历史使命、家国情怀、社会责任、工匠精神、职业道德、伦理责任等几乎全部的关键品性均以道德品质为根基，指引工程在各个历史时期、在不同情境下朝着正确的方向发展。

二、工程发展趋势视角

克劳斯·施瓦布曾指出，"人们正在迎接第四次工业革命的到来，其主要特征是各项技术的融合，并将日益消除物理世界、数字世界和生物世界之间的界限，产生全新的技术能力"，社会生产方式将发生深刻变化。万物互联与深度融合催生了新产业、新业态和新的工作模式，同时增添了工程影响因素及解决方案的诸多不确定性，与之而来的是工程问题更为复杂的表征，加之自然资源与生态环境保护的紧迫性，工程未来发展趋势对形塑工程人才核心素养提出了哪些要求？工程未来发展趋势对工程人才的新需求是在新形势下深入理解核心素养内涵、廓清核心素养界定与选择原则并建立核心素养体系的现实依据。

（一）互联

以物联网、大数据、云计算、人工智能为代表的新一代信息技术加速发展，驱动了万物深入互联。具体到工程领域，对人、机、物、系统等的全面连接，构建起了覆盖全产业链、全价值链的全新制造和服务体系，为工业乃至产业数字化、网络化、智能化发展提供了实现途径。工业4.0时代，未来的工业体系中，将更多地通过互联网技术，以网络协同模式开展工业生产，从而开发能够完全适应生产的产品，这种适应性将使企业在面对客户的需求变化时，能迅速、轻松地作出响应，并保证其生产具有竞争力，满足客户的个性化需求[52]，客户还可实时参与到产品设计中，并对生产过程进行可视化的监控。一个更具体的例子，通过安装于设备各主要部件上的传感器，可以实时搜集—集成—分析设备运行情况，预判潜在风险，还可基于数据分析实现各部件的最优化配置。在传统的工程场景中，这些是难以想象的，但在未来的工程场景中，还会有更为意想不到的互联产生。那么，何种事物之间具有潜在的联系或者创造互联的可能性，如何建立互联，互联会产生何种效应等问题，需要工程活动主体具备抽象思维、系统思维、创新精神、计算思维、信息处理及建模仿真等能力，以支撑互联意识、互联能力、互联想象力及互联关系处理能力的形成与持续发展。

（二）融合

"新一代信息通信技术与工业经济深度融合产生新型工业生态"，"新一代信息技术与制造技术深度融合，将促进制造模式、生产组织方式和产业形态的深刻变革"，"深化新一代信息技术与实体经济融合，加快实体经济新旧动能接续转换，为实现经济高质量发展提供强大动力"。融合是未来工程发展的突出特征，可以表现为数字空间与物理空间融合、跨界融合、多学科交叉融合、人机融合等等。第四次工业革命的标志是 CPS（cyber physical system），即数字与物理世界的深度融合，其首先表现在任何一个物理的实体都应该有一个数字映射，企业中人们开始意识到数字孪生体的意义，其作用几乎贯穿在产品的全生命周期[53]。同时，鉴于工程利益群体诉求及影响因素的复杂性，知识与技术的跨学科、跨领域性，复杂工程问题解决方案必定要突破人为界定的学科限制所造成的条块分割，聚焦工程的系统性与集成性，以获得最优结果。此外，人工智能时代的到来，人类与机器的关系正在发生变化，机器拓展了人的视野、提升了人类认识世界与改造世界的能力；人类通过智能化的设计实现机器性能及功能的更优化，二者的效能在融合中放大。总之，未来工程领域涉及的融合是持续发展变化的动态过程，也是持续深化并更为复杂的过程，需要工程人才在具备"融会贯通"能力的基础上，具有更加敏锐的前沿洞察力、更加持续的创新力和创造力。

（三）复杂

复杂是现代工程的显著特征，并将伴随工程相关领域、要素、诉求、影响的互联与融合趋势向更加复杂的方向发展。体现在系统内部因素的广泛性和冲突性，解决问题时需要综合性、系统性考虑和处理这些因素；解决方案不能轻而易举地获得，需要抽象思维、创造性和原创性分析才能建立合适的模型；通常表现为不常见的或新兴性，解决方案需要对新出现的内部影响因素、外部影响因素及相互间存在或可能存在的冲突进行系统性的分析和处理；解决方案不能在简单遵循现有的专业工程标准和实践规范的基础上形成；不能仅靠单一学科的知识、方法和手段获得解决方案，其复杂性要求不同工程学科、不同学科领域，通过有效的团队协作以获得解决方案；通常是由许多组成部分或子问题组成的多层次、多因素问题，需要采用系统方法，在梳理、分析、处理其相关关系的基础上，提出问题解决方案。在这个过程中，需要深度运用广泛、系统的工程基础知识、前沿工程专业知识、工程设计和运行知识、工程实践知识、学科研究文献筛选的知识等。工程活动主体元认知、学科认知、知识反思、系统思维、创新能力、沟通与协作及终身学习能力等核心素养是工程人才解决复杂工程问题所必备的，也将在具体的复杂工程问题情境下和解决过程中得到不断发展。

（四）绿色

绿色工程体现工程与生态、环境的和合共生，是工程未来发展并实现工程进步的重要前提，也是重要目标。由于人类对自然的无度索取与无序开发，已经对生态和环境造成了严重的影响，加剧了全球生态危机。与其说绿色工程是未来工程发展的趋势，不如说绿色工程是人类通往美好未来的"通行证"。当前及未来的工程均应充分应用现代科学技术，在工程建设中加强环境保护，发展清洁施工生产，不断改善和优化生态环境，使人与自然和谐发展，使人口、资源和环境协调发展。工程活动主体应将工业化生存状态中的"智人"身份及时转换为合作化生活里的"同感人"身份，将个人置身于生存的生态环境中，与合作中的他人和赖以生存的生态圈进行良性互动，积极主动承担推动社会发展、生态和谐的责任[54]。绿色发展理念与绿色工程是人类社会可持续发展的重要保障，需要工程活动主体具备重视工程与生态良性循环的自律与自觉，更需要具备探索精神、创新精神与创新能力，以确保技术与产品更具可持续性。

三、工程教育利益相关者视角

高等工程教育阶段是核心素养培育的重要阶段，核心素养是工程教育的重要产出。该产出关乎工程教育质量，也关乎国家科技创新水平和经济社会可持续发展程度及国家对新技术和新产业的应对能力。作为工程教育利益相关者核心的学生，希望支撑实现终身可持续发展的"装备"中有哪些核心素养，除此之外有何期冀；行业对工程人才核心素养培养有何期许，又将如何参与其中；国家对支撑未来发展核心竞争力的工程人才的擘画，突出了哪些关键特征；社会公众对工程带来影响的朴素要求映射出对工程人才核心素养的哪些期待。从工程教育利益相关者视角，亦是从工程人才供给侧与需求侧角度，分析其对核心素养的诉求，是核心素养体系建构的基本依据。

（一）学生

学生作为工程教育的中心、核心素养的主体、未来工程发展的主宰，在高等工程教育阶段，包括走上工作岗位后，对自己应该具备什么样的核心素养体系会有怎样的判断。会不会对自己应该具备哪些核心素养具有前瞻的、全面的、准确的判断，并为之持续努力。应该说，学生对支撑自我终身发展的关键品性和核心能力的具体内容是一个持续的、渐进的认识过程，并将与终身学习一路伴随整个职业生涯。这一方面是因为自我规划、自我发展的认知在逐渐明朗与开阔；另一方面，核心素养体系本就是一个不断更新和发展的系统，伴随着社会需求、工程发展、岗位要求及具体工程利益相关者诉求的变化，通过工程学习、工程实践、工程经验积累、持续学习等，实现个体对其的自我反思与持续精进。鉴于此，加之高等工程教育阶段仅是核心素养培育的一个阶段，工程实践是核心素养发展的另一个主战场，那么工程教育除了为学生提供必备的核心素养装备外，更应关注学生自由发展的能力，把人的自由发展，即学生的自由发展视为教育最重要的目标，让学生自由发展，让他们成为更好的自己[53]。自由的哲学概念是人认识事物发展的规律性，并自觉运用到实践中去的持续状态。在学习中体现为需要宁静的内心世界，远离功利，甚至不问目的的思考与反思；在工程实践中体现为需要以为人类创造更美好的未来作为最高精神追求，不断充盈自我、挑战自我，追寻更积极的自由。

（二）行业

行业作为工程人才的重要需求侧，对包括核心素养培育在内的工程人才培养过程与产出应该具有更多话语权。作为核心素养发展的另一个主战场，行业肩负助力工程人才持续发展的重任。长期以来，特别是工程教育科学范式阶段，工程教育与行业需求脱节明显，工程师与科学家采用相似的培养方式，工程人才的核心素养何谈聚焦工程。在工程教育回归工程的范式变迁演进中，受工程教育与行业需求脱节趋势惯性影响，行业当前及未来发展对工程人才核心素养的需求与工程人才培养模式及过程仍未精准对接。行业作为工程实践的最前沿，对第四次工业革命背景下的工程发展新趋势具有更为敏锐的判断，对新技术催生的新产业、新业态下的新工作模式与要求所需要的核心素养具有更为深刻的体会，对毕业生工程实践中及应对未来挑战中欠缺的核心素养具有更为准确的判断。所以，赋予行业在人才培养关键环节更多话语权，如将什么样的核心素养体系映射到培养方案中、落实到培养过程中，这既至关重要也迫在眉睫。此外，在技术更迭周期不断缩短的趋势下，行业将更加关注工程活动主体探索精神、开拓精神、自我迭代、终身学习等核心素养，以持续保持岗位胜任力。这一方面是对工程教育重点培养该类核心素养必要性的最强注解，另一方面也对行业自身助力工程人才持续发展提出了更高要求。

（三）国家

新一轮科技革命和产业变革正在深刻改变现有产业的形态、分工和组织方式，并将引发未来世界经济政治格局深刻调整，重塑国家竞争力全球位置。工程教育、工程科技、工程人才作为国家核心竞争力的基础要素，是经济社会发展的主要驱动力。从某种意义上说，工程人才核心素养关乎国家核心竞争力。应该将工程人才核心素养体系建构与培养提升到为国家未来发展核心竞争力提供有力支撑的高度，应国家之所需，急国家之所急，大力培养具有家国情怀和使命担当的卓越工程人才，并在未来战略必争领域做好人才储备。为当前国家重大战略提供有效人力资源支持是当务之急。

（四）社会公众

社会公众是容易被忽视的工程教育利益相关者，其对工程教育的诉求，不仅体现在工程教育人才培养阶段，而且体现在作为工程活动的潜在受众将享受工程带来的便利，也承受工程对生态、环境等所带来不利影响的层面。工程是以满足人类社会发展需求为目标，在约束处置条件下集成科学、技术、社会、人文等各领域知识体系，对自然进行改造的活动与过程。工程与科学、技术相比具有不同的价值导向和伦理要求。工程包含着为人类谋取福祉的价值构想和价值追求，以为人类提供更加便捷的生活为宗旨。工程设计与实践中，公众安全与健康福祉优先，人道主义、社会公正、人与自然和谐发展是工程的基本伦理要求。社会公众期待工程人才厚植家国情怀、涵养关键品性、勇担社会责任、恪守工程伦理，在追求工程经济价值的同时，更关切工程的社会价值、文化价值与生态价值。

四、视角交汇下的核心素养

工程本质、工程发展趋势、工程教育利益相关者等多领域视角的观察研究，可以使工程人才核心素养体系"真容"渐趋明朗。尽管对核心素养的界定与分类有各种不同的方案与争论，但是在新工业革命时代，工程教育将致力于提升工科学生一系列创造性解决问题的能力[55]，及涵养其所基于的关键品性这一点是能够形成共识的。从某种意义上看，各视角交汇下的核心素养与这一普遍共识所论及的核心素养具有高度契合性。培养具备这些核心素养的工程人才是面向未来工程教育改革与发展的重要任务。

（一）家国情怀与使命担当

精神是个人立身之本，是国家繁盛之基，家国情怀根植于精神的沃土，发展于民族复兴的伟大实践。熠熠生辉、绵绵不断的家国情怀是支撑我们一生发展的不竭动力，是我们面对挑战乘风破浪、面对困难百折不挠的强大精神支撑。家国情怀具有强大内驱力，其中包括了使命意识与责任担当，"知责任者，大丈夫之始也；行责任者，大丈夫之终也"。工程对国家发展所承载的重要意义赋予工程人才使命与荣光。工程人才将对国家共同体深层次的情感认同融入重大基础设施、新型基础设施等工程建设的不懈奋斗中，为推动我国经济发展和社会进步提供了重要支撑。中国高铁、三峡水利工程、南水北调工程、西气东输等重大工程表征的意义与现代国家发展和中华民族伟大复兴紧密相连，所积淀的工程记忆与工程文化体现了更提升了国家的凝聚力。面向未来的诸多挑战和困难，面对未来更大的全球治理责任，中国的工程人才需要更精准、更坚定地从中华传统文化的精髓中汲取养分，需要秉持更坚定的文化定力[30]。

（二）计算思维与信息素养

快速发展的大数据、云计算、人工智能及智能制造等，正在不断拓展工程活动的内涵及外延，并在联通不同学科及领域、促进万物互联的同时，改变着工程活动包括识别机会、开发需求、预测建模、分析综合、生成解决方案、评估风险等环节的方法与途径。计算已经从解决复杂工程问题的重要工具，发展成为解决复杂工程问题的基本思维方式。掌握从数据中获取有用知识的数据科学技能，成为未来工程师解决复杂问题的通用性能力，数据科学也被视为高校人才培养模式变革与创新的催化剂[56]。《工程教育认证通用标准解读及使用指南》（2022 版）亦突出了在数据赋能的未来工程教育发展中，计算思维的掌握及应用对于解决复杂工程问题的重要性。工程教育需因时而变，将数据深度挖掘和融合应用能力培养嵌入相关人才培养活动中。提高学生从数据中学习，用数据思考，融会贯通工程、计算与数据科学的能力[57]，以应对以数据资源为关键要素的产业转型挑战。

（三）学科交叉与跨界融合

以新技术、新业态、新产业、新模式为特点的新经济蓬勃发展，学科专业之间的交叉融合成为社会技术进步的新趋势，复杂工程问题的跨学科性、跨领域性及新兴问题的不断产生成为常态，需要工程师具备跨学科、跨领域、跨文化的综合知识能力体系及跨界整合能力，以提供复杂工程问题的解决方案。《工程教育认证通用标准解读及使用指南》（2022 版）在工程知识、设计 / 开发解决方案、个人与团队、项目管理等毕业要求内容中进一步明确了工程师培养需要聚焦跨学科、跨领域思维及跨界整合能力要求，需要具备在多学科、多样性的团队中与其他成员有效沟通与合作的能力，需要具备在工程项目管理中灵活、敏捷地处理不同学科交叉的多任务协调能力。工程教育需打破学科壁垒，整合学科资源，重塑课程体系结构，革新教与学的组织模式，从关注学生特定学科知识能力的培养，转向基于学科交叉融合的知识、能力、素养综合体系的塑造。

（四）多元化与包容性

可以预见未来工程活动复杂性还将日益加剧，工程问题解决方案的内外部影响因素愈加呈现多元化、复杂化的特点，这对工程师包容性理解、判断、治理的能力提出了新挑战。工程实践中，工程师需要理解和包容不同利益相关者群体的多元化社会需求；需要包容性地分析及平衡技术性要素之间、非技术性要素之间以及两者之间广泛的制约与冲突；需要能够在多学科、多样性、多形式的团队中，与其他团队成员进行包容性的沟通与合作；需要理解和尊重世界不同语言、文化的差异性和多样性，具备文化敏捷性等。包容性思维、判断及治理能力，包容性团队合作能力，包容性沟通交流能力对于复杂工程问题解决方案的合理设计与有效实施，实现不同利益相关者群体的多元化需求具有重要影响。工程教育应创造多样化的教育环境，注重包容性教学，形成让人感到舒适和包容的工程文化，培养未来工程师的包容性思维[35]。

（五）社会责任与工程伦理

工程属性不仅体现出技术性，还体现出社会性，工程的社会属性通常在更大范围、更深层次上影响和制约工程[58]。工程师需要具有职业道德意识和社会责任感，并能有意识地关注、思考和解决工程中的观念、利益冲突。工程师在设计中需要考虑公共健康与安全、节能减排与环境保护、法律与伦理，以及社会与文化等制约因素；在实施中需要考虑是否符合社会、健康、安全、法律以及文化等方面的外部制约因素的要求；需要知晓和理解联合国可持续发展目标 SDG17，具备可持续发展的意识，在工程实践中关注、理解和评价有关经济、生态、人类社会可持续发展的问题；需要恪守工程伦理、理解并遵守工程职业道德和规范，自觉履行工程师对公众的安全、健康和福祉的社会责任。全球可持续发展目标的实现与工程师的社会责任感和工程伦理意识密不可分，工程教育需要在强调工程技术能力培养的同时，关注学生社会责任感和工程伦理意识的价值塑造，将社会责任意识、工程伦理意识根植于学生工程素养中，牢固树立可持续发展价值观。

（六）系统性思维与批判创新

最广泛技术变革背景下，复杂工程问题系统构成多样性、系统内外部影响因素复杂性愈发显著。具体体现在：工程问题受到越来越复杂因素的影响和制约，除了技术范畴影响因素外，还涉及公共健康、安全、文化、社会、环境等因素；复杂工程问题是由许多组成部分或子问题组成的多层次、多因素问题，系统内各组成部分或子问题之间存在制约或冲突；复杂工程问题是不常见的或新兴的，其系统结构、影响因素等与已经面对和解决的问题具有明显的差异性；复杂工程问题涉及不同利益相关者群体的多元需求。因此，工程师需要具备使用系统思维方法，对复杂工程问题的内外部影响因素及相互间存在或可能存在的冲突进行系统性分析，合理处理各因素间的冲突，实现各影响因素间及不同利益相关者群体诉求相对平衡的能力。鉴于复杂工程问题的不常见性和新兴性，工程师需要具备使用批判性思维、创新性思维及创造性方法，根据不同限定，创造性地设计及动态调整问题解决方案的能力。工程教育需要在人才培养过程中，通过学习理念变革、课程设置优化、教学模式改革等，进一步强化学生系统性思维、批判性思维、创新性思维及相关能力的培养。

（七）自主学习与终身学习

新一轮科技革命和产业变革突飞猛进，解决复杂工程问题所需应用的前沿工程知识及方法在不断更新。学生未来的职业发展面临新技术、新产业、新业态、新模式的挑战，对自主学习能力、终身学习能力的需要将达到前所未有的高度。包含自主学习能力、终身学习能力在内的持续发展能力是工程师应对工程科技不断发展更迭的核心能力之一。正如马克斯·韦伯所言，"如果以职业作为生活的意义，意义的重要性会渐渐丧失，甚至被工具化，这最终会导致意义的缺失，让人放弃个人的自由"。持续的学习使工程人才能够始终站在新起点上，在应对各种挑战中，获得持续的灵感和动力，更加灵活和积极地发挥核心素养的整合作用，实现更广阔的自由。工程教育需要在人才培养过程中，关注学生学习策略的制定及调整能力、自主学习能力、知识与能力的迁移能力、对未知的探究能力等，培养学生建立终身学习意识，具备终身学习思维和行动能力，不断挖掘自身潜能，增强未来发展的自我掌控力。

第三章　面向未来工程教育改革与发展
从理念到实践

　　培养应对未来更加复杂、严峻挑战所应具备的核心素养及系统、稳定的职业胜任力结构，需要工程教育开展面向未来的改革与发展，在与未来进行对话与合作中共赴未来。在国际工程教育回归工程实践的浪潮中，以统合"大工程观""整体工程观"典型特征的、聚焦人的全面发展的全面工程观教育理念，包括其所引领的全场域育人格局、全视域培养目标、全领域培养内容、全情境培养方式，推动工程教育回归、超越、面向未来。在激发人才培养目标发展动力机制多元主体效能、构建多层次与多元化人才培养目标体系、推动人才培养目标内容多向度转变的基础上，以前瞻式培养目标设计，擎托工程教育人才培养新篇章。培养目标所囊括的核心素养需要融合式课程体系与课程建设的支撑，该支撑效能的有效发挥需要以面向未来的价值导向综合体，引领融合式课程体系及课程建设；以"跨"与"融"兼容并蓄，包括"跨"学科的"融"，"跨"领域的"融"，"跨"视域的"融"，牵引融合式课程体系及课程建设；以解决复杂工程问题能力为轴线，贯通融合式课程体系及课程建设；以面向产出的课程目标体系，承托融合式课程体系及课程建设；以多元课程建设主体协同，共建融合式课程体系及课程。工程学习模式与全面工程观教育理念、前瞻式培养目标、融合式课程体系及课程建设为面向未来工程教育改革与发展的同构对象，需要应对发展了的工程、革新了的工程本质、迭代了的工程实践对工程学习者所提出的新要求。聚焦高阶思维、高阶认知目标及高阶能力的整合学习，是基于现代工程特征对工程教育内在要求的学习模式，是对工程问题系统复杂性及系统内外关系集成性的积极应对。

第一节　以面向未来的人才培养理念牵引工程教育发展新动能

　　新经济以产业链整合替代传统学科专业化的分工，工程未来发展所带来的挑战不会局限于人为划分的学科与专业，需要工程教育通过人才培养理念革新及人才培养模式自我革命，引领工程教育回归工程本身的整体性与系统性。聚焦"回归工程实践"的"大工程观"，"整体工程观"教育理念应时而生，掀起了国际工程教育回归工程实践的浪潮。"回归工程实践"是回归，回归工程、回归工程本质、回归行业对工程教育的需求；更是超越，超越现在，超越当前工程及工程教育发展需求，面向未来，面向未来人的广阔发展需求。回归与超越把工程教育从学科限定的樊笼拉回整体视域下的工程本真，推动工程教育实现新的范式跨越。我国工程教育对相关教育理念的研究始于 20 世纪末，"卓越工程师教育培养计划"、CDIO 工程教育模式、"新工科建设"均体现了回归工程实践的内在机理。面对工程的发展、工程教育的发展及人的发展诉求，工程教育理念需要面向未来持续赋能发展。将"大工程观"和"整体工程观"典型特征予以统合的、聚焦人的全面发展的教育理念与我国工程教育面向未来发展的关键问题及发展情境相契合，其所引领的全场域育人格局、全视域培养目标、全领域培养内容、全情境培养方式，有望牵引工程教育发展新动能。

一、工程教育人才培养理念：回归

　　"回归工程实践"及其牵引的"大工程观""整体工程观"等教育理念体现了工程教育在内部发展动力机制及外部社会发展需求驱动下的自我革新。"回归"反映了工程教育对工程、工程本质、工程实践及人才培养本质的自省。

（一）为何回归

　　随着"工程科学运动"所致的工程依附于科学、狭隘于技术的趋势愈演愈烈，工程教育科学化的弊端逐渐显现，工程教育以培养工程科学家为目标的错位定位广受诟病。迫切需要面向社会需求、面向工程和工程人才未来发展趋势，重新审视工程与工程教育的本质属性及二者之间的关系，以明确未来工程教育的发展方向和实施路径。在对工程教育科学化进行全面反思的基础上，"回归工程运动"承载着面向未来的重托，牵引着聚焦"回归工程实践"的"大工程观"和"整体工程观"登上工程教育人才培养理念及模式革新的舞台。

"大工程观"于1993年由MIT工学院院长乔·莫西斯提出，由于工程的本质属性及时代背景下工程活动影响要素愈加复杂化，要求工程教育以整合的视角审视工程、工程与技术和科学的关系、工程发展与环境保护的关系、工程与人类社会发展的关系，并将分析与处理这些关系的方法论有效融入工程人才培养过程中。"大工程观"关注现代工程的复杂背景，强调工程不是单纯的技术，也不是单纯的科学理论，而是在特定背景因素影响下，通过整合知识体系及有效利用技术手段开展的、旨在满足具体需求目标的系统性社会实践活动。"大工程观"不是机械指向工程规模之大，而是指向工程背景范围之大，影响之大。工程背景既包括客户背景与偏好、潜在消费者需求与习惯等，也包括社会公共政策、环境生态保护、文化道德规约等。"大工程观"关注工程背景因素的捕捉、分析与界定能力，工程背景因素对工程利益相关者诉求实现的影响的研究、预判与处置能力。工程教育需要在解决工程实际问题中，在工程真实情境下，引导学生对作为工程大系统重要组成部分的背景因素及其对工程的影响有切身体验的基础上，培养背景因素的界定与处置能力及基于此的复杂工程问题解决能力。"大工程观"教育理念特别是其所主张的"背景敏感性"引发了工程教育模式的变革。

"整体工程"的概念于1993年由宾夕法尼亚大学教授约翰大·博得格纳（Joseph Bordogna）等在《工程教育：通过集成创新》（"Engineering Education: Innovation through Integration"）一文中首先提出，用于描述工程教育应关注系统思维及跨学科能力培养。"整体工程观"提出现代工程的系统性与复杂性要求通过系统改革打造整体的工程教育，重视工程相关学科间的关联，培养学生以整体的、系统的思维分析和解决问题的能力。"整体工程观"教育理念指引下的工程教育：关注培养学生对工程基础知识、前沿工程知识、工程设计和运行知识、工程实践知识、学科研究文献筛选知识的融合应用能力；关注以解决问题为导向的跨学科视野，跨学科知识整合能力、分析能力、创新能力及跨学科沟通和合作的能力；关注学生的自主学习能力、终身学习能力，重视学习潜能、积极性的激发及学生多元化发展可能。"整体工程观"作为"大工程观"的深化和发展，是指导当代工程实践的新理念，也为工程教育改革提供了新视角[59]。

（二）何为回归

工程教育理念变革所推动的工程教育范式变迁中，"实践"与"理论"的不断博弈体现了"钟摆现象"。以实践为中心与以理论为中心之间的每次摆动均是在特定历史条件下实现的工程教育影响要素间的制约与平衡。但伴随影响要素的发展变化及科学范式所引发的对工程设计能力及解决实际问题能力培养的边缘化，工程教育理念及其所推动的工程教育改革的钟摆在内部发展动力机制及外部社会发展需求驱动下，呈现向"实践"回归的趋势，并在实现与工程发展需求同频共振的探寻中，寻找"理论"与"实践"的平衡。"回归工程实践"并不是回归技术及回归技术范式中的单纯工程实践，不是对工程教育技术范式的复辟，而是回归工程、回归工程的本质属性。

"回归工程实践"中的"工程"是具有系统性内部结构及复杂性外部影响因素的，涉及广泛的相互冲突的技术影响因素和非技术影响因素，其中非技术因素具复杂性、动态性、不平衡性；涉及广泛的具有不同诉求的相关利益群体；涉及日益复杂的经济成本、环境成本需求。其具有实践性、集成性、创造性、社会性、生态性、道德约束性等本质属性。"回归工程实践"所牵引的"大工程观"和"整体工程观"教育理念均源于对现代工程系统性及影响因素集成性的深刻认识及其对工程教育影响的深刻反思。"大工程观"关注现代工程"背景敏感性"对工程人才复杂背景因素界定与处置能力的需求，强调通过情境化的工程体验教育提升该能力的培养效能，并以此撬动工程教育模式的变革。"整体工程观"关注现代工程的集成性、系统性对工程人才跨学科整合能力的要求，强调通过具有整体性的工程教育，聚合学生元认知、学科认知、知识反思、系统思维、创新能力、跨学科融合能力、沟通能力、团队协作能力及终身学习能力等核心素养的培养效能。

"回归工程实践"中的"实践"不是技术范式中工程经验阶段的操作技能，而是解决现代工程复杂问题所要求的系统化、集成化的工程实践能力，是经过系统分析与价值判断的可行性实践。从工程生命周期来看，构思、设计、实现与运行各个阶段均需要具备这种系统化、集成化的工程实践能力，以实现在综合考虑背景因素影响下进行的工程及产品构思，创新意识指引下满足特定需求的设计，系统思维指引下有效确定并动态调整解决方案的实现，可持续发展意识指引下的符合经济效益、环境效益及社会效益的运行。从现代工程的发展趋势看，万物互联与深度融合增添了工程影响因素及解决方案的诸多不确定性，与之而来的是工程问题更为复杂的表征，加之自然资源与生态环境保护的紧迫性，对工程实践能力的系统化和集成化提出了更高要求，包括相关学科知识的自觉整合能力、复杂背景因素的界定与处置能力、多种技术手段的有效利用能力、跨学科的沟通与协作能力、全球化视野及可持续发展意识，等等。现代工程的实践能力要求工程人才具备全局思维，及时应对快速变化的工程环境。相应地，现代工程教育观需要学生置身于真实的工程环境，随时了解工程领域的现实状况，切身感受工程活动的变化，在实践中学习、在工程环境中培养工程能力[60]。

二、工程教育人才培养理念：超越

超越是回归本有之义，体现了工程教育聚焦工程未来发展趋势的自觉。"回归工程实践"中的"工程"是发展了的并将在新工业革命影响下实现变革式发展的工程，其"工程本质"是工程变革式发展所带来的体现新时代特征的工程本质属性；回归的"实践"是面向未来赋能的工程实践。回归与超越具有辩证关系，回归是以超越为导向的回归，超越是以回归为内驱的超越。

（一）为何超越

"回归工程实践"是在工程发展、工程教育发展及人的发展诉求发生重要变化背景下提出的工程教育改革思潮，推动了工程教育理念的革新。

1. 工程发展

工程受到科学知识快速迭代、新工程知识不断涌现，技术发展日新月异、迭代周期不断缩短，非技术要素纷繁复杂、工程利益相关者诉求日趋多元化等因素影响（特别是相关影响因素的非线性发展及复杂交织状态），工程内部结构及工程问题解决方案的要求发生了质的变化。同时，现代工程是科学、技术、社会、经济、文化、环境、伦理等要素的整合体，工程所承载的社会责任也从为人类社会创造经济价值、为人们生活提供便利，发展为承载经济价值、社会价值、文化价值、生态价值等更为多元的社会责任。工程以崭新的面貌为推动社会发展加速前进不断储能。

2. 工程教育发展

工程的系统变革推动了工程教育面向需求的深入反思及面向未来的进路规划。科学范式指引下的工程人才培养产出，与变化着的社会需求及工程需求出现了明显的偏离。"本科工程毕业生对现有工具与科学知识了如指掌，却没有弥补他们工程实践经验的匮乏。"[61] 一方面现代工程的快速发展因缺乏有效人力资源支撑而举步维艰，另一方面工程教育培养的毕业生因培养重心的科学化而缺乏岗位胜任力。工程教育为社会发展和个人终身发展提供支撑的目标均未有效达成。教育脱离需求而成为"象牙塔"的窘境，要求工程教育对人才培养产出与社会需求的适配性进行全面反思。在此基础上，开展自上而下并将逐步演进为自下而上的系统工程教育改革。

3. 人的发展

科学范式指引下的工程教育关注学生对学科知识掌握的系统性和广泛性，强调基础科学和工程科学的学习，着重培养学生对基本科学原理的掌握与分析能力，忽视了以设计及解决实际问题为核心的工程能力需求。工程教育脱离工程情境，直接导致学生工程实践能力严重匮乏，而缺乏胜任现代工程相关岗位的能力。毕业生被迫在岗位上锻炼工程设计及解决问题的能力，进行试错、反馈、改进与提高。这大大增加了实现个人职业发展的时间成本及企业运行的经济成本。另外，工程教育科学化造成学科壁垒森严，学生知识面狭窄，缺乏跨学科意识、系统思维，这就将人的发展局限在了特定学科的藩篱中；对工程情境中的跨学科协作沟通、利用情境和问题的持续学习意识与能力重视不足，学生的个人与团队能力、沟通与表达能力、自主学习与终身学习能力未得到有效培养。这些问题成为个人发展的重重障碍。为工程人才"装备"现代工程发展需要的核心素养，实现人的全面发展的真切诉求，呼唤新的教学理念引领新的工程教育模式。

（二）何为超越

新一轮科技革命与产业变革赋予工程、工程本质、工程实践新的内涵。以回归为内驱的超越，赋予工程教育新的使命，赋予人的全面发展新的空间。

1. 工程从制造到创造

新工业革命所促发的产业布局变革和产业结构调整广泛而深刻，随之而来的新产业、新业态、新模式应接不暇。工程所承载的、在新时代背景下有力推动经济社会快速发展的社会责任，赋予工程发展新的动力。以关注社会矛盾解决的社会性属性、关注创新性主观能动性发挥的实践性属性、关注探索未知与开拓新领域的创造性属性、关注要素间关系与效能最优化的集成性属性、关注人与自然和谐共生的生态性属性、关注工程与社会可持续发展的道德约束性属性为特征的现代工程，与传统工程实现彻底分野。现代工程关注制造，更关注创造，或者可以说关注创造引领下的制造。这驱动工程由实现性优先逻辑转向功能性优先逻辑；由单纯考虑技术因素转向技术因素和非技术因素统筹并重；由大规模同质化生产转向基于个性化需求的生产模式。

2. 工程教育从适应到引领

现代工程的发展趋势对未来工程教育改革与发展提出了新要求。"回归工程实践"在新的历史条件下具有了新的意义与新的使命，回归发展了的工程、革新了的工程本质、迭代了的工程实践要求。这是以超越为导向的回归，亦是以回归为内驱的超越。工程教育既要立足当下，更要瞄准未来，通过由学科导向向产业需求导向、由专业分割向跨界交叉融合、由重视理论轻视实践向理论与实践并重、由仅关注技术能力培养向技术能力与非技术能力培养并驾齐驱的转型发展，把被动适应服务提升为主动支撑引领，将跨界整合能力、创新创业能力、未来适应能力、终身学习能力作为人才培养的发力点，开展面向未来的工程教育改革与实践。

3. 人的发展从适应岗位需求到获得自由的状态

工程教育的目标不止步于为学生"装备"适应岗位需求的核心素养，更关切人全面与可持续发展的动力激发与能力储备。动力的激发体现为引导学生对社会矛盾解决、社会需求实现、人们美好生活向往达成的关心与关注，对工程发展前沿的关注与对工程科学发展好奇心的持续保持。建立学生寻求自我发展的内生动力机制。能力的储备体现为培养学生能在最广泛的技术变革背景下，认识到自主和终身学习的必要性；具有自主学习的能力，包括对技术问题的理解能力、归纳总结的能力、提出问题的能力，批判性思维和创造性能力；能接受和应对新技术、新事物和新问题带来的挑战。通过动力激发与能力储备实现自主有效储能，为实现全面的、持续的发展不断赋能，以实现更广阔的自由。

三、工程教育人才培养理念：赋能发展

新一轮科技革命和产业变革的新期待、制造强国转型升级的新挑战、加入工程教育实质等效国家标准的新契机[62]，需要我们在对工程教育面向未来发展的关键问题进行根源审视与策略判断，对工程教育情境进行全视角分析的基础上，对工程教育理念进行面向未来的赋能发展研究。

（一）我国工程教育面向未来发展的关键问题

为更好地服务国家战略、满足产业发展需求、引领产业发展方向、主动培养未来技术和产业发展所需的各类紧缺人才，我国通过前瞻性的方式开展新工科研究与实践，旨在培养造就具有交叉学科背景和复合知识结构的创新型卓越工程人才。但工程教育科学范式"去工程化"惯性犹在，我国工程教育面向未来发展需要关注以下关键问题。

1. 育人格局存在局限性

由于受到科学范式惯性影响，我国工程教育过度科学化、工程教育理

科化的趋势尚未完全扭转，工程教育对工程本质及需求重视不足，教育过程工程性缺失。人才培养基于学科逻辑，学科分割的藩篱割裂了工程教育的整体性与系统性，限制了人才培养的格局。这种模式下的教育对跨学科知识架构搭建与能力整合训练重视不足，学生利用系统思维，集成运用多学科知识，通过跨学科、跨领域、跨文化的综合能力体系解决实际工程问题的能力有待提升。

2. 培养目标面向未来不足

在技术与知识更迭周期缩短，产业布局调整与转型升级加速的现状及可以预见的趋势下，目前工程教育人才培养目标面向未来不充分，在宏观层面上缺乏对工程未来发展趋势有效研判的机制与组织；在中观层面上学校发展定位面向未来尚不充分，难以引导工程教育进行面向未来的培养目标设计；在微观层面上培养目标面向未来的合理性评价及其对培养目标修订的指引效能未有效发挥。此外，培养目标所体现的培养特色体现不鲜明、定位研判不准确、发展预期表述不明确等问题依然存在。

3. 培养内容不全面

工程的整体性与系统性需要工程人才具有广博的知识、扎实的工程技术能力与宽泛的非技术能力，并富有探索精神、创新精神、团队精神。但我国工程教育人才培养内容特别是课程体系尚不足以支撑这些素养的培养要求，人才培养重心及课程设置囿于技术能力培养，对工程与社会、社会责任与工程伦理、沟通与协作及国际视野等方面的非技术能力培养重视不足。体现为课程对技术能力培养密集支撑，评价体系与标准高度聚焦技术能力达成情况；课程设置对非技术能力支撑乏力，相关课程资源匮乏，且缺乏对现代工程需求的映射性。

4. 人才培养方式脱离工程情境

工程问题均有其具体要求与特定情境，工程问题解决方案设计与实施是在特定情境的影响与制约下进行的。目前，工程教育对工程情境与工程实践能力及二者的内在关联重视不足，工程教育脱离工程情境，而神似科学教育，工程实践能力及非技术能力未得到有效锻炼。此外，工程教育中将工程实践能力训练狭隘于工程技能训练、工程技能训练狭隘于验证性实验与模拟仿真的情况并不少见，工程性的缺失导致现代工程所需的系统性、集成性实践能力及工程创新能力未得到有效锻炼。

（二）我国工程教育面向未来发展的情境分析

工程教育具有情境性，它必须对社会发展形势与创新趋势作出及时响应，同时根据教育规律进行工程人才培养目标、规格与过程的调整[61]。我国面向未来的工程教育改革与发展受到社会发展环境、工程发展环境、我国工程教育环境及国际工程教育环境等情境的影响。社会发展环境与工程发展环境是工程教育变革方向与举措决策的依据，同时驱动工程教育面向未来发展；我国工程教育环境是工程教育面向未来发展的关键依托，工程教育从历史一步步走来，其所积淀的工程教育文化不断滋养工程教育未来发展；国际工程教育发展趋势及优秀工程教育经验经过本土化革新，可为我国工程教育面向未来发展的理念与模式变革提供多元化参考。

1. 社会发展环境

新一轮科技革命与产业变革扑面而来，以新技术、新产业、新业态和新模式为特征的新经济蓬勃发展，正在深刻改变现有产业的形态、分工和组织方式，并将引发未来世界经济政治格局深刻调整，重塑国家竞争力全球位置。高等工程教育与产业变革、科技发展联系紧密，承担着为其提供人才和智力支撑的重要使命，是重要的创新驱动力与科技生产力。新工业革命未来发展趋势对工程人才培养质量提出了更高诉求；以新技术革命为引领、以信息化和工业化深度融合为突破、以商品模式和体制机制创新为标志的新经济发展需要新型工程人才有力支撑；"创新驱动发展"等一系列国家重大战略，对培养符合各行各业需求的各类型高素质工程人才提出了新要求。

2. 工程发展环境

社会发展环境及需求变化在较短时间内传导至工程发展环境，并推动工程发展目标的更新与升级。新工业革命对产业行业发展带来的颠覆性影响、社会发展新需求的强力推动、知识快速迭代与新技术不断涌现的新挑战、社会公众对高效与便捷生活的新期待、自然资源与生态保护的紧迫性，需要工程承载更多社会责任，加速推动经济社会发展的同时，实现人、自然、工程的和谐发展，为人类创造更加美好的生活。工程未来发展除体现互联、融合、复杂、绿色等趋势与特征外，国际化趋势将愈加显著，民族性内核将不断迸发新的活力。工程发展的新使命需要强有力的人力资源予以支撑，工程发展的新趋势需要工程人才在工程教育阶段"装备"更为完备的核心素养，并在工程实践活动中实现核心素养的持续发展。

3. 国内工程教育环境

我国工程教育正在实现转型发展，瞄准面向未来发展的关键问题，以需求为导向、以适应并引领未来发展为指引，开展工程教育系统改革，踏上面向未来变革式发展的新征程。通过新工科建设探索与实践面向未来的工程教育模式，由轰轰烈烈到扎扎实实，千余项新工科研究与实践项目牵引新工科建设"往深里走、往实里去"，新理念、新模式、新培养体系扎根于新型工程人才培养中，人才培养质量及与社会需求匹配度持续提升。通过工程教育认证保障与引领面向未来的工程教育质量，以加入《华盛顿协议》为契机，不断推进以理念牵引质量，以改革促进质量，以机制保障质量，以发展引领质量，持续提升对工程教育人才培养质量促进与保障力度。

4. 国际工程教育环境

新工业革命推动全球工程教育对教育理念与人才培养模式进行深刻变革，这些变革同时助推新工业革命的深化发展。MIT在"引领未来发展、塑造认知思维"的理念指导下提出了"新工程教育转型（New Engineering Education Transformation，简称 NEET）"计划，旨在引导工程人才培养方式由"以学生为中心"向"以项目为中心"的工程范式转变，以培养学生解决复杂工程问题的思维方式和职业能力。新加坡科技与设计大学将"设计"作为学校建设的核心理念，强调跨学科、实践学习和产学研的紧密联系，采用"面向未来的新型教育方式"，培养技术驱动型的创业者；伦敦大学学院工程学院制订了一项新的全学院课程计划——"综合工程计划（Integrated Engineering Program，简称 IEP）"，将重点放在多学科学习、知识的实践应用、以工程建构促进世界积极变化以及学生专业技能和专业态度的发展上；代尔夫特理工大学教育模式关注扎实的学科基础知识、以设计为核心的学习、有雄心抱负的学生创新和实践学习文化、开放性的混合学习和在线学习方式，以设计为核心的课程、学生为主导的实践活动和在线学习等在国际上备受肯定[63]。

（三）面向未来赋能发展的工程教育人才培养理念

"回归工程实践"的国际工程教育浪潮将继续伴随新一轮科技革命与产业变革的浪潮，推动全球工程教育从微观变革向范式变革的转变。"大工程观"和"整体工程观"共同聚焦"回归工程实践"，关注工程本质属性对工程教育的要求，强调培养能够创造性地解决现代工程实际问题的人才，是符合工程、工程教育本质及发展趋势的教育理念。"大工程观"突出强调工程背景敏感性，"敏感"表现为工程背景范围及影响比我们对其及其作用的已有认知更为宽泛和深刻。工程所处的背景没有完全相同的，我们不能简单基于标准和范式提出问题解决方案；工程所处的背景要素之间具有关联或冲突，构成复杂交错的网格；工程所处的背景是动态变化的，对复杂工程问题的解决具有持续的影响。"整体工程观"突出强调工程系统性与工程教育整体性。基于工程内部结构及外部影响因素具有系统性，内部要素之间、外部要素之间、内外部要素之间的关联关系是非线性的，对解决复杂工程问题的影响是复合的，工程教育需要通过重塑课程体系及加强产学合作，培养学生以整合的视角分析与解决问题的能力。

两种教育理念基本在同一时期产生与发展，具有基于"回归工程实践"的共同属性，也有各自侧重及特点。通过对我国工程教育面向未来发展的关键问题及发展情境进行分析，可以判断，面向未来的工程教育改革与发展需要统合"大工程观""整体工程观"典型特征的教育理念，以实现对人才培养活动更为全面、更为有力的引领。该教育理念关注学生应对未来挑战的核心素养的培养，通过工程教育为人与工程的良性互动及人的全面发展储能。关注工程当前及未来发展趋势和利益相关者对工程教育的诉求。关注学生多重整合能力培养，首要的是把被学科割裂开来的工程再还原为一个整体，使学生具备集成的知识结构[51]，在工程情境下为满足特定需求将所学知识进行有效整合并灵活应用的能力；技术能力与非技术能力的融合应用能力；分析获取已知与未知的关联，通过已知解决未知的能力；关注工程背景的敏感性对工程教育情境的要求，让学生体验工程情境与工程问题的互动关系,通过积累获得并不断提升背景因素的界定与处置能力,以及基于此的复杂工程问题解决能力。

对于这种教育理念名称的措辞,本研究尚未寻找到满意的答案,我们姑且称之为"全面工程观",以体现其所蕴含的内涵之全,所引领的育人格局场域之全、培养目标视域之全、培养内容领域之全、培养方式情境之全。

(1)全场域的育人格局。"场域"具有多重含义,这里采用皮埃尔·布迪厄(Pierre Bourdieu)的定义:"场域是一种关系性的概念,一个场域可以被定义为各种位置之间存在客观关系的一个网络或一个构型。"[64]工程属性的系统性、工程价值的复合性、工程活动主体所承载社会责任的多元性,需要在全面分析并深刻把握工程教育与工程、自然、国家、世界,受教育者职业及发展空间,社会公众生存空间之间的关联关系及相互影响的基础上,确定人才培养的逻辑基础及基于此的人才培养格局定位。工程教育所培养的人需要面对的挑战,从场域的角度看包括与工程相关的现在及未来可能产生关联的全部领域。工程教育育人格局是决定受教育者能否应对这些挑战的关键因素之一。育人格局开阔在某种程度上决定了人实现与相关场域良性互动的能力。基于学科的人才培养逻辑,在人为割裂工程教育与工程场域具备系统性关联的各子场域之间的映射关系的基础上,割裂了人与工程场域良性互动的根基。全面工程观关注工程教育与工程、工程与社会等相关场域、工程结构内部子场域之间的关联,并聚焦工程教育与人的发展的关联,基于此建立基于人的全面发展的人才培养逻辑与人才培养格局。

(2)全视域的培养目标。基于人的发展的培养格局具体到人才培养操作层面,以培养目标作为顶层设计,规划人才培养的所有活动,指引其朝着既定的方向发展,直至实现工程教育的意义与目标,包括人的持续发展、人与工程的相互促进、人与社会的和谐相处等。全面工程观教育理念下的培养目标是全视域的,从时空的角度看包括当前的与未来的,通过工程未来发展趋势前瞻性与科学性预判机制的建立与有效运行、学校面向未来发展定位的明确引领、培养目标合理性评价效能的充分发挥,实现工程教育对未来产业发展的准确预判,锚定并适时调整人才培养方向。从认知的角度看包括已知的与未知的,聚焦通过已知解决未知的能力。从利益相关者角度看包括积极回应受教育者不断"装备"应对未来挑战所需的核心素养，具备通过持续学习实现核心素养体系自我更新能力的诉求；积极回应行业在产业布局调整与转型升级背景下，对工程教育为目前及潜在的各行各业输送各种类型高素质工程人才的诉求；积极回应社会公众对人才培养秉承为人类谋取福祉的价值追求的诉求。世界加速变化，工程教育人才培养能否跟上知识与技术更迭的速度，能否通过人才培养实现工程教育的意义与目标，对培养目标进行全视域系统审视是前提也是关键。

（3）全领域的培养内容。全面工程观关注通过全领域的培养内容实现"专业人"与"理性人"，"工具理性"与"价值理性"的聚合。在面对复杂工程问题挑战时，能在跨学科视角下对工程问题进行整体的、系统的思考，实现对工程系统内部结构与外部影响因素的统筹，能够对知识进行有效整合与灵活应用，能够开展满足特定需求、能体现创新意识的工程设计与实施，并充分考虑工程对社会、经济、文化、环境、生态等多元因素的影响，实现工程经济价值、社会价值、环境价值、文化价值的平衡。全领域囊括技术能力范畴与非技术能力范畴、核心能力范畴与关键品性范畴等促进人的全面发展的培养内容。课程体系设置需要有效支撑上述培养内容涉及的能力与素质培养需求，有效扭转课程对非技术能力及关键品性支撑乏力的局面。特别需要关注课程体系设置对工程伦理与社会责任培养要求的支撑，以实现将社会责任意识、工程伦理意识根植于学生工程素养中，牢固树立可持续发展价值观的教育目标。

（4）全情境的培养方式。"情境"是人们对外界刺激的内部解释过程，目的是给这个互动情境确定一个意义并决定怎样做[65]。工程活动主体需要在内外部因素影响下，包括存在或可能存在的价值冲突、观念冲突、利益冲突等，对情境进行分析与界定，明确其对工程问题解决方案可能存在的影响，以确定接下来的行动方向及内容。影响因素是动态变化的，工程利益相关者诉求也可能存在变化，复杂工程问题解决方案在情境分析与行动决策持续交互中产生，并不断矫正。交错的影响因素和冲突的工程背景既是工程的情境，也是复杂工程问题的"复杂"所在。工程活动主体需要具备对工程环境及具体需求下的情境进行全面判断的能力，并具备对其变化进行敏锐认知与果断决策的能力。全面工程观教育理念下的全情境培养方式的"全",表现为从识别机会、开发需求、执行分析综合,到生成多个解决方案;从根据需求评估解决方案、考虑风险并权衡,到获得高质量解决方案的"全镜式"情境。在全情境中激发学生的探索欲、求知欲,使其形成自主性学习、深度性学习、研究性学习、协作性学习的内驱力;扎实培养学生对工程情境具有高度依赖性的非技术能力,有效训练其技术能力与非技术能力的融合应用能力;提高工程设计和工程问题解决方案与工程实际及行业企业需求的契合性。

第二节　以前瞻式培养目标设计
擎托工程教育人才培养新篇章

工程教育及其改革是一项面向未来的事业,以"培养能够适应未来发展情境的工程人才"这一目标来指导当前工程教育系统的革新[66],是在新一轮科技革命与产业变革重塑国家竞争力全球位置的时代变革中,保持我国持续优势的重要支撑。面向未来的工程教育中,前瞻式培养目标设计是擎托工程教育人才培养新篇章的重要引擎。培养目标,是我们对需要培养什么样的人的追问。前瞻式培养目标,是我们对"未来发展需要什么样的人","什么样的人能够满足未来需要并能引领未来发展"的深深思索。回溯我国工程教育人才培养目标演进历程,可以为我们提供历史的、发展的多维视角;分析我国工程教育人才培养目标演进特点,可以为我们提供瞭望未来的切入点、突破点、关键点与落脚点。面向未来的工程教育人才培养目标发展展望,需要聚焦人才培养目标发展动力机制、人才培养目标体系、人才培养目标内容等关键问题。激发人才培养目标发展动力机制多元主体效能、构建多层次与多元化人才培养目标体系、推动人才培养目标内容多向度转变是前瞻式培养目标设计的必然要求。

一、我国工程教育人才培养目标演进回溯

宏观的工程教育人才培养目标作为一段时期内人才培养对经济社会发

展需求积极响应的重要表征，是高校确定具体专业培养目标的根本依据。我国工程教育人才培养目标经历了培养"专门技术人才"—培养"德智体全面发展的高级工程技术人才"—培养"创新型高素质工程人才"—培养"创新型卓越工程科技人才"的演进历程，体现出明显的时代烙印。人才培养目标演进历程的回溯，可以为我们面向未来开展前瞻式培养目标设计提供历史的、发展的视角。

（一）新中国成立至 20 世纪 60 年代：培养专门技术人才

新中国成立初期，为尽快恢复和发展国民经济，为工业发展特别是国家基础工业和国防工业领域培养一批急需的工程人才，我国积极学习苏联工程教育经验，依据工业生产岗位设定专业，根据岗位工作要求进行人才培养规划，确定了培养专门技术人才的培养目标，人才培养聚焦符合各业务部门具体要求的基本理论及专门技术技能学习。这一时期的国家政策对工程教育要培养具有坚定的社会主义立场，具备基本理论知识和较强实践能力，能够将所学应用于解决具体工程问题的培养目标进行了明确，并对工业院校进行了调整，对实践教学重心进行了突出，保障了该时期人才培养目标的实现。1950 年，中央人民政府教育部颁布《高等学校暂行规程》规定，高等学校培养通晓基本理论并能实际运用的专门人才，如工程师、教师、医师、农业技师等。1952 年，教育部提出关于全国高等学校调整的设置方案，为适应国家建设需要，整顿与加强综合大学，发展专门学院，最先是工业学院。1955 年，《中华人民共和国发展国民经济的第一个五年计划》提出，通过贯彻生产实习制度，加强对生产学习的领导，逐步推行工业院校与工矿企业的联系制度，并通过充实实验室、实习工厂设备来增强教学效果。1958 年《中共中央、国务院关于教育工作的指示》明确，要培养有社会主义觉悟的有文化的劳动者，即又红又专全面发展的新人。1962 年《教育部关于直属高等工业院校本科（五年制）修订教学计划的规定（草案）》要求，高等工业院校的毕业生必须"完成工程师的基本训练"，"具备本专业所需要的较宽厚的基础理论知识"，"掌握运算、实验、制图等基本的技能"，"具备一定的专业技术与组织管理生产知识"，"具备解决一般的工程实际问题的初步能力"[67]。

　　该时期工程教育人才培养目标的突出特点是"红"和"专"。以"红"概括人才培养目标对"德"的相关要求，指具有无产阶级世界观及坚定的政治觉悟，这是人才培养的首要问题，是解决世界观的问题、政治方向的问题、集体主义精神的问题[68]。以"专"概括人才培养目标对"才"的相关要求，通过特定专业知识学习及以生产实习为代表的实践学习，获得将掌握的知识应用于具体生产的实践能力，能够独立应对一般工程问题，学生毕业后能够在具体工作岗位上独当一面。在追求重工业高速增长的工业化建设初期，以培养具有坚定政治立场、符合特定岗位需求的，具有专业技术能力的专门工程人才作为培养目标，符合当时的社会需求，工程教育为社会经济建设输送了大量的工程技术人才，有力推动了我国工业化进程。但"完成工程师的基本训练"的培养目标与工程师能力发展规律及当时工程教育人才培养水平不相适应。该时期工程教育专业越分越细，在一定程度上受到了该培养目标定位的影响，以实现在有限学习时间能完成专业范畴内基本训练，这导致专业越分越多，专业口径愈加狭窄，专业技能局限性逐步显现。

（二）改革开放初期至 20 世纪末：培养德智体全面发展的高级工程技术人才

　　改革开放后，我国工业经济发展进入以提高经济效益为中心，注重工业内部重工业与轻工业协调发展及产品结构优化的新阶段[69]。与计划经济体制相适应的工程教育结构、模式及人才培养目标已经不能适应市场经济的需求。伴随着技术范式向科学范式的变革，工程教育人才培养目标也作出了战略性调整。1980 年《教育部关于直属高等工业院校修订本科教学计划的规定（草案）》明确，高等工业院校应培养"德、智、体全面发展的高级工程技术人才"，具体要求包括"掌握本专业所需的比较宽厚的基础理论知识"，"掌握运算、制图、实验等基本技能与必要的工艺操作技能"，"受到科学研究方法和工程设计的初步训练"，"具备一定的专业技术知识与组织管理生产的知识"，"对专业范围之内科学技术的新发展有一定的了解"，"具有解决一般工程实际问题的初步能力"[67]。1982 年《中华人民共和国国民经济和社会发展第六个五年计划》（1980—1985 年）提出，根据经济与文化建设的需要、科学技术发展的趋势以及学校具体条件，适当加宽某些专业培养内容，增强学生毕业后对工作的适应性。1985 年《中共中央关于教育体制改革的决定》提出，由于实践环节不被重视，专业设置过于狭窄等原因，教育不同程度地脱离了经济和社会发展的需要，落后于当代科学文化的发展。1986 年《中华人民共和国国民经济和社会发展第七个五年计划》（1986—1990 年）提到，努力把一批教学和科研基础较好、重点学科相对集中的学校，办成既是教育中心，又是科学研究中心。1996 年《国民经济和社会发展"九五"计划和 2010 年远景目标纲要》提到，实施科教兴国战略，重点提高本科教育质量，改革人才培养模式，优化教学内容和课程设置，加强学生综合素质培养。

该时期工程教育人才培养目标的突出特点是"全"和"宽"。"全"指德、智、体全面发展，关注受教育者道德品质、思想底蕴、人文素质及健康体质的全面提高，突出包括工程教育在内的各学科教育均应通过开展全面的素质教育，以促进受教育者的全面发展。"宽"指在拓宽的专业口径、加宽的培养内容基础上，使受教育者掌握宽厚的学科基础理论与宽泛的知识体系。"宽"还蕴含以工程科学基础理论之宽及科学技术视野之宽，应对新技术快速发展带来的挑战，突出了科学研究能力在人才培养目标中的重要位置。德、智、体全面发展，具有扎实科学理论基础和科学研究能力，具备解决工程问题基本技能的工程技术人才培养目标，积极回应了当时经济社会发展及其对科学研究能力的相关需求。但受该时期工程教育科学范式及相关教育理念的影响，人才培养目标内涵亦体现学术化与"去工程化"的倾向，未重视学科理论与工程设计能力及解决实际问题能力的内在逻辑关联，未关注理论知识与实践能力的协调与统一发展。

（三）21 世纪初：培养创新型高素质工程人才

进入 21 世纪，面对经济全球化进程明显加快，科技进步日新月异，综合国力竞争日益激烈的新形势，我国提出走新型工业化道路、建设人力资源强国及创新型国家等重大战略，对工程人才的实践能力与创新能力提出了更高的要求。伴随工程教育科学范式向工程范式的转型，工程教育人才培养目标随之迭代。2000 年《教育部关于实施"新世纪高等教育教学改革工程"的通知》提出，对高等教育人才培养模式、教学内容、课程体系、教学方法等进行综合的改革研究与实践，推动教学改革向纵深发展，以实现培养适应新世纪我国现代化建设需要的"具有创新精神、实践能力和创业精神的高素质人才"的宗旨。2001年《关于做好普通高等学校本科学科专业结构调整工作的若干原则意见》提出，国家未来发展急需的高新技术类专业人才、高层次经营管理人才供给不足，面向地方经济建设的应用性人才培养薄弱，需要通过专业结构调整及人才培养模式改革等工作，加大力度培养具有创新精神、实践能力、创业能力的多样化、多层次的高素质人才。同年《中华人民共和国国民经济和社会发展第十个五年计划纲要》进一步明确，教育要面向现代化、面向世界、面向未来，适度超前发展，走改革创新之路，着力推进素质教育，重视培养创新精神和实践能力，促进学生德智体美全面发展。2006年《中华人民共和国国民经济和社会发展第十一个五年规划纲要》进一步明确实施科教兴国战略和人才强国战略，加强研究与实践，培养学生的创新精神和实践能力。2011年《中华人民共和国国民经济和社会发展第十二个五年规划纲要》提出创新驱动，大力提高科技创新能力，加快教育改革发展，扩大应用型、复合型、技能型人才培养规模，发挥人才资源优势，推进创新型国家建设；坚持德育为先、能力为重，促进学生德智体美全面发展。2010年教育部启动"卓越工程师教育培养计划"，旨在培养造就"一大批创新能力强、适应经济社会发展需要的高质量各类型工程人才"，为国家走新型工业化发展道路、建设创新型国家和人才强国战略服务。

该时期工程教育人才培养目标的核心关键词是"创新"与"实践"。在国民经济整体转入高质量发展的新时期，要素驱动、资本驱动向创新驱动转型的新阶段，工程人才是否具备创新能力是工程教育能否适应经济发展需要的重要标志。工程教育人才培养目标需要将创新精神与创新能力置于关键位置，以积极响应国家战略和产业需求。由于科学范式指引下的工程教育对工程本质，特别是工程实践属性及工程系统性及集成性特征的偏离，受教育者工程实践能力愈加成为其满足工程实际需求的薄弱环节，工程教育人才培养模式及培养目标"去工程化"的状态急需扭转。在宏观工程教育人才培养目标中突出实践能力要求，旨在积极推动高校尽快围绕实践能力的提升开展人才培养模式、人才培养目标及课程体系的系统调整，加快工程教育"回归工程"的进程。同时，该时期人才培养目标中的"德智体"进一步拓展为"德智体美"全面发展，旨在引导学校对美育教育的重视，并通过课程设置、氛围建设等提高受教育者发展美、感受美、鉴赏美、创造美的能力。一个成功的工程项目必定是一个"美"的工程项目，美育教育是工程教育的重要组成部分。

（四）近 10 余年：培养创新型卓越工程科技人才

随着新技术革命与新产业革命的到来，以物联网、互联网为纽带的不同行业企业之间的联系愈加紧密，制造业的发展不仅体现为生产环节的技术革命，也表现为生产环节上下游价值链的提升，以及制造业与社会、环境、伦理等相关联的生态系统建设，这就要求未来工程师具备跨学科知识、融会贯通的学习能力以及解决复杂工程实践问题的能力[70]。2012 年《高等教育专题规划》提出，把促进人的全面发展和适应社会需要作为衡量人才培养水平的根本标准，培养"信念执着、品德优良、知识丰富、本领过硬的高素质专门人才和拔尖创新人才"。2016 年《中华人民共和国国民经济和社会发展第十三个五年规划纲要》再次强调全面提高教育质量，培养德智体美全面发展的社会主义建设者和接班人；实施通识教育和专业教育相结合的培养制度，强化实践教学，着力培养学生创意创新创业能力。2017 年《教育部办公厅关于推荐新工科研究与实践项目的通知》提到，为应对新一轮科技革命和产业变革的挑战，主动服务国家创新驱动发展和"中国制造 2025""互联网 +"等重大战略实施，加快工程教育改革创新，需要培养造就"一大批多样化、创新型卓越工程科技人才"，以支撑产业转型升级。2021 年《中华人民共和国国民经济和社会发展第十四个五年规划和 2035 年远景目标纲要》提出，坚持立德树人，增强学生文明素养、社会责任意识、实践本领，培养德智体美劳全面发展的社会主义建设者和接班人，提升人力资本水平和人的全面发展能力。

该时期工程教育人才培养目标的核心关键词为"卓越"。随着互联网、信息技术、数字技术、人工智能及其他高新技术的飞速发展，工程人才作为加强产业基础能力建设、提升产业链供应链现代化水平、推动产业转型升级的重要人力资本，工程教育人才培养目标唯有将"卓越"置于核心位置，并通过人才培养模式变革，才能保证人才培养产出与新工业革命背景下产业发展需求的适配性。"卓越"是全面发展的卓越，是关键品性与核心能力的共同卓越发展，包括爱国情怀、健康人格、社会责任和工程伦理意识；包括实践能力、创新能力、跨学科解决复杂工程问题能力；包括沟通与协作、终身学习与国际视野等。同时，该时期人才培养目标中的"德智体美"进一步拓展为"德智体美劳"全面发展，旨在引导学校和受教育者对劳动观念、劳动技能的重视，同时劳动教育也是培养受教育者在工程实践中面对困难百折不挠、不断进取精神的重要途径。

二、我国工程教育人才培养目标演进特点

新中国成立至今的 70 余年里，工程教育人才培养目标演进与国家工业化进程对工程人才的需求变化同步。在这个过程中，人才培养目标与国家战略及产业发展同频共振，人才培养目标演进与育人本质回归同向发力，人才培养目标与人才核心能力多元化发展同向同行，人才培养目标演进动力机制的外部推动与内部驱动同向协作。对我国工程教育人才培养目标演进特点的分析，可以为我们提供瞭望未来培养目标发展的切入点、突破点、关键点与落脚点。

（一）人才培养目标演进与国家战略及产业发展同频共振

人才培养目标演进与国家战略及产业发展同频共振是教育发展及教育本质目标的必然要求。新中国成立以来，我国工程教育人才培养目标的确立与变革均与当时国家战略及产业发展进程高度相关，培养目标演进促进了人才培养产出与国家战略及产业发展对工程人力资本需求的阶段性平衡。

新中国成立初期，工业生产能够实现由百废待兴到规模迅速扩张，与工程教育向企业输送了大批专门技术人才密切相关。该时期工业生产相对粗放，对工程技术与工程知识广度和深度要求不高，工业发展与人力资源供给的主要矛盾集中在工程人才队伍的数量和建设效率上。在学习苏联工程教育经验的基础上，我国工程教育确立了培养专门技术人才的目标，旨在适应计划经济时期重工业优先发展战略。改革开放初期，工业发展虽仍

以数量型增长为主，但开始重视产业结构的优化与企业效益的提升，对工程人才的学科基础、科学研究与工程技术相结合及技术改造能力有了新的要求，工业发展与人力资源供给的主要矛盾集中在工程人才的知识结构与知识应用能力上。将人才培养目标确定为德智体全面发展的高级工程技术人才，旨在适应市场经济初期重工业与轻工业协调发展战略，但该时期工程教育对科学研究能力的强烈关注及对工程实践能力的相对漠视成为人才供给出现结构性矛盾的重要原因之一。21世纪初，工业化与信息化相互促进，高技术产业及先进制造业加速发展，创新驱动发展激发了经济高质量发展新动能，需要工程人才具备创新精神、创新能力及实践能力，以适应要素驱动向创新驱动转型的发展要求，工业发展与人力资源供给的主要矛盾集中在工程人才培养结构及工程人才创新素养、创新能力培养与实践能力提升上。将人才培养目标确定为创新型高素质工程人才旨在适应新型工业化发展战略需要。近10余年，新一代信息技术与工业化进程深度融合，推动产业转型升级和新产业加速发展，行业产业的自身发展呈现多学科交叉融合的新趋势，工业发展与人力资源供给的主要矛盾集中在工程人才培养结构及包括跨学科融合能力、非技术能力在内的解决复杂工程问题的能力上。将创新型卓越工程科技人才作为培养目标，旨在适应新工业革命时代的国家战略和产业发展需求。

　　人才培养目标的几次重要更迭反映了我国工程教育以服务国家现代化建设与发展为不易旨归，人才培养目标的演进基本体现为适应—不适应—调整—再适应—不适应—再调整的循环发展模式。该模式体现了人才培养目标自我革新的属性及与时代共发展的基本要求，但培养目标的自我突破性，即对社会经济建设的引领性效能，尚未被有效激发，且培养目标对社会需求的适应体现出滞后性，培养目标与社会实际需求、培养目标与人才培养实际过程及产出存在一定偏离。

　　（二）人才培养目标演进与育人本质回归同向发力

　　我国工程教育人才培养目标演进历程也是工程教育不断向育人本质回归的历程。虽然由于社会主义建设的紧迫性与市场经济体制的初步确立，从客观上加剧了一种功利性的竞争，这种竞争常常不是从提高人才的全面素质着眼，而是从近期的利益着想[71]，但工程教育人才培养目标的每一次进阶及国家相关教育政策文件，均体现了教育对人的全面发展目标的不懈追求。特别是改革开放以来，素质教育在各个时期被赋予了新的内涵与活力，为实现人的全面发展持续赋能。

改革开放初期，将培养德智体全面发展的高级工程技术人才作为人才培养目标，明确德智体全面发展是重要的培养目标之一，也是高级工程技术人才各项能力的基础，更是相关能力在工程实践中朝着正确方向发展的重要指引。21世纪初，以培养创新型高素质工程人才作为人才培养目标，再次强调着力推进素质教育，重视培养学生创新精神和实践能力，促进学生德智体美全面发展。近一阶段，以创新型卓越工程科技人才作为人才培养目标，受教育者的全面发展是"卓越"的关键要义之一，也是工程教育的核心目标。《高等教育专题规划》提出把促进人的全面发展作为衡量人才培养水平的根本标准之一，要确立育人为本、德育为先、能力为重、全面发展的育人观；《国民经济和社会发展第十四个五年规划和2035年远景目标纲要》提出培养德智体美劳全面发展的社会主义建设者和接班人，提升人的全面发展能力。各阶段工程教育人才培养目标变迁中，其所包含的人的全面发展的目标内涵在"德智体"到"德智体美"再到"德智体美劳"的演进中得以不断丰盈。

（三）人才培养目标演进与人才核心能力多元化发展同向同行

我国工程教育人才培养目标演进体现了工程愈加复杂化、集成化趋势下，工程人才多元核心能力体系的建构与发展过程。工程问题解决方案由最初参照手册、按照标准即可获得，发展为需要跨越学科界限和产业边界整合多学科知识，集成技术能力与非技术能力才能获得，工程人才培养目标及相关政策文件体现了这个变化过程中，工程技术能力由单一向多元发展的过程。

新中国成立初期的工程活动体现相对单一的技术要求，工程教育人才培养强调工程学习与工程应用的精准对接，为每一类工作岗位输送标准化的"螺丝钉"似的工程人才。该时期人才培养目标突出强调专门技术技能，聚焦培养受教育者的"一技之长"，以在相应工程岗位上"独当一面"。改革开放初期，工业生产及技术革新对科学与技术发展的依赖性不断提高，工程活动的复杂性逐步增强，需要系统的学科基础理论予以支撑。该时期人才培养目标聚焦学科基础、科学研究能力及科学研究与工程技术的结合，但在实际人才培养过程中忽视了工程实践能力与科学研究能力的平衡与协同。21 世纪初，优化产业结构、发展高技术产业、发展先进制造业的新型工业化道路，注重高科技含量、低资源消耗，在有限资源及多元条件限定下，工程问题愈加复杂。该时期的人才培养目标高度聚焦以创新能力及特别需要补齐的实践能力短板为核心的能力体系。最近 10 余年，工程融合、互联、复杂、绿色的发展趋势下，工程活动的内部结构体现系统性，外部影响因素体现复杂交织，工程利益相关者诉求体现多样化发展趋势，工程问题复杂程度还在发展，工程问题的解决需要集成关键品性基础上的全部核心能力。该时期的人才培养目标聚焦卓越，聚焦卓越的核心能力体系，包括跨学科与跨业界、反思与创新、决策与创造、沟通与协作、自我调节与终身发展等多元化能力。

（四）人才培养目标演进动力机制的外部推动与内部驱动同向协作

我国现代工程教育虽然起步较晚，但始终与国家社会经济发展及工业化进程密切关联，工程教育人才培养目标每一次演进均着眼于为经济社会建设提供更有力的人力支撑与智力支持。适应国家战略和产业需求是推动工程教育人才培养目标演进及人才培养模式改革的本源动力、核心动力、持续动力。

新中国成立初期，面对工业体系建立及工业经济起步对专门技术人才的急迫需求，国家通过多项政策明确该时期人才培养目标的同时，通过《中华人民共和国发展国民经济的第一个五年计划》强调贯彻生产实习制度，加强工业院校与工矿企业的联系，以保障实践教学效果，并通过大规模院校调整，重点发展工业院校，以提高专门技术人才的培养效率。改革开放初期，面对工业化建设对以宽厚科学理论为基础的、具备技术改造及革新能力的工程技术人才的需求，及尽快提高受教育者全面素质的需求，1980 年《教育部关于直属高等工业学校修订本科教学计划的规定（草案）》确定了高等工业院校以"德智体全面发展的高级工程技术人才"为培养目标，并在该阶段的各"五年计划"中对拓宽专业口径，加宽专业培养内容，关注科学技术新发展及加强综合素质培养进行了规划和部署。21世纪初，高新技术快速发展，信息技术与工业化广泛结合，加之部分要素资源紧张，生态环境保护压力加大等因素，迫切需要大批具备创新能力与实践能力的高素质工程人才支撑新型工业化发展需求及创新型国家建设重大战略实施。教育部推出"新世纪高等教育教学改革工程""卓越工程师教育培养计划"，旨在通过综合改革研究与实践，培养适应现代化建设需要的具有创新精神、实践能力和创业精神的高素质人才。近10余年，新技术革命与新工业革命接踵而至，新技术、新业态、新模式、新产业的不断发展，需要工程教育输送大批能够将基础学科、工程学科及相关学科知识进行集成，具备系统思维的创新型卓越工程科技人才。同时，产业调整及技术迭代周期的缩短，对工程人才创造能力的持续保持提出了更高要求。新工科建设应时而生，旨在培养造就"一大批多样化、创新型卓越工程科技人才"，满足国家战略及产业发展需求。同时，该时期的《高等教育专题规划》及"五年计划"对人的全面发展及能够实现全面发展的能力更为关注，将促进人的全面发展和适应社会需要共同作为衡量人才培养水平的根本标准。

以上各个发展阶段中，各高等工程院校积极响应国家教育方针与政策，开展人才培养模式调整，根据宏观人才培养目标确定具体的专业人才培养目标，并对如何保证人才培养质量、如何提高人才供需匹配度、如何提高人的全面发展的能力等进行了深入的探索与实践。现代工程教育初期，作为红色工程师摇篮的清华大学及其他工业院校，均以服务国家工业体系建设为第一要务，调整专业设置及人才培养目标，为国家工业化建设起步培养了大批专门技术人才。改革开放以后，各高等工程院校遵循教育规律和人才成长规律，积极探索适应国家战略和产业需求的人才培养模式，关注工程教育利益相关方的诉求变化，根据各时期宏观人才培养目标要求，结合区域经济发展需求及学校发展情况，确定具体的专业人才培养目标，开展多元化的人才培养改革探索与实践。工程教育在适应、服务、满足国家经济建设需求的同时，经历了恢复调整、调整发展、规模扩张到质量提升等阶段，实现了自身的稳健发展，国家创新驱动发展等国家战略的深入实施为工程教育提供了新的历史机遇[72]，各相关高校在国家战略和产业需求的外部推动下，在工程教育由大到强和为人的全面发展赋能的内部驱动下，拉开了深化工程教育改革新征程的大幕。

三、面向未来的工程教育人才培养目标发展展望

根据未来行业市场竞争及产业发展趋势，对人才培养目标发展动力机制、人才培养目标体系及人才培养目标内容的关键问题进行分析，是我们对面向未来的工程教育人才培养目标的发展展望。激发人才培养目标发展动力机制多元主体效能、建构多层次与多元化人才培养目标体系、推动人才培养目标内容多向度转变，是开展前瞻式培养目标设计的必然要求。

（一）人才培养目标发展动力机制的关键问题：聚焦多元主体效能激发

通过对工程教育人才培养目标演进历程回溯，我们可以看到，在各个阶段，宏观人才培养目标基于外部推动和内部驱动的共同作用不断向前发展。外部推动主要来自政府、行业企业、社会公众、国内外教育环境等，其中，国家战略和产业需求是外部核心推动力。内部驱动主要来自高校、教师、学生等，其中学校对教育本质的探寻、教育目标实现的追求，及各个历史时期经济社会发展赋予教育、赋予学校新责任的担当是内部核心驱动力。一方面我们看到，新中国成立至今的 70 余年里，在外部推动与内部驱动的协同作用下，人才培养目标及基于此的人才培养产出基本能够适应行业企业需求。特别是在培养目标每一阶段演进初期，工程人才与社会需求的契合度相对较高。另一方面我们看到，人才培养目标各个阶段更迭的先发动力与关键动力均来自外部推动，内部驱动发力相对滞后，人才培养目标及人才培养以适应社会需求、服务产业发展及推动人的全面发展为宗旨，支撑引领产业发展的效能尚未有效激发。新一轮科技革命与产业变革背景下，以创新驱动为核心的新经济快速发展，现代信息技术与制造业发展深度融合的同时促进了各个领域的交叉融合，不断更新工程教育利益相关者对产业及产业发展趋势的现有认知。工程教育需要面向产业未来发展趋势提前谋划，工程教育人才培养目标发展动力机制中内部驱动与外部推动需要共同发力，驱动培养目标面向未来的前瞻式设计。

进一步激发动力机制多元主体在人才培养目标演进中的效能发挥，是实现内部驱动与外部推动共同发力的重要基础。宏观工程教育人才培养目标作为一段时期内人才培养对社会经济建设需求积极响应的重要表征，是高校确定具体专业培养目标的根本依据，而不是不能突破的框架要求。高校应重视人才培养方向和质量的"风向标""测量器"，当人才培养产出与社会需求契合度出现偏差时，需要对包括宏观人才培养目标在内在人才培养链条上的所有环节进行全面分析。同时，高校作为工程教育的实施主体，对未来工程教育发展的潜在影响因素及趋势具有自发的敏感性，应通过主动的研判，将其转化为行动自觉，即对培养目标进行面向未来的审视并进行前瞻设计。MIT 两次站在工程教育范式变革的潮头，通过《科学：无尽的前沿》《路易斯报告》说明工程教育技术范式变革的必要性与紧迫性，直接促成美国国家自然科学基金会成立，大学的科学研究从个人属性转变为国家属性，推动工程教育技术范式向科学范式转变；"回归工程"和"大工程观"直接推动了工程教育科学范式向工程范式的跃迁。在这两次范式变革中，MIT 从高校的角度均敏锐捕捉到在产业发展、科学技术发展、工程教育发展等因素影响下，原工程教育范式所面临的危机，并准确预判了各种综合因素影响下工程教育范式的发展进路，值得我们深入思考。此外，学生作为预备工程人才、工程教育活动的主体，在人才培养目标发展动力机制运行中的作用应该进一步激发。以往过于关注从宏观尺度与国家发展层面来设计培养目标，缺乏对学生主体的关注。在数字化时代，人才培养更应以激活学生潜能为导向，激发学生的主动性与创造性，人才培养目标需要将国家战略、社会发展及学生兴趣充分结合起来[73]。

企业作为工程人才的重要需求侧，对包括宏观、微观培养目标设计在内的工程人才培养规划应该具有更多话语权。特别是部分领域工程人才培养与行业需求脱节、人才供给结构性矛盾依然严峻的情况下，企业在人才培养目标发展动力机制中的效能需要深度激发，以实现人才培养目标真正意义上的面向需求、面向未来。应建立企业—政府—学校、企业—学校—政府的多向、多路信息有效循环渠道。企业作为工程实践最前沿。应将所获得的对第四次工业革命背景下工程发展新趋势的敏锐判断，对新产业、新业态下新工作模式与要求所需要核心素养的深刻体会，对毕业生工程实践中及应对未来挑战中所欠缺核心素养的客观判断，及时反馈到人才培养目标前瞻设计及依此开展的人才培养实践中。

政府在人才培养目标发展动力机制中处于主导地位，在工程教育面向未来的发展中，政府以社会经济发展为导向，充分发挥宏观政策指导和资源配置顶层设计作用的同时，应关注构建对工程未来发展趋势进行有效研判的机制，制定具有全局性、方向性、前瞻性、长远性、引领性的国家层面工程教育中长期规划，引领宏观人才培养目标面向未来发展，指引高校明确面向未来的发展定位，引导具体工程专业进行面向未来的培养目标设计。此外，由政府主导的多元主体互动协同是人才培养目标发展动力机制实现内部驱动与外部推动共同发力的重要保障。

（二）人才培养目标体系的关键问题：聚焦多层次与多元化

根据科技革命和产业变革的需要，以及新经济发展的趋势，人才培养目标发展动力机制核心主体需要全面预测行业产业未来发展方向和趋势，准确把握其对工程人才培养要求的变化，一方面为动态调整宏观人才培养目标提供依据，另一方面为各类型高校根据服务面向和人才定位确定多层次培养目标、根据办学优势与培养特质确定多元化培养目标提供依据。在面向未来工程科学、工程技术、工程实践发展趋势的研判中，明晰符合学校实际的、能够体现特质的，最为关键的是符合行业企业未来需求的人才培养目标。各高校制定的基于合理前瞻构想、合理层次分类、合理优势设计的培养目标，构成我国工程教育人才培养目标体系。该体系以作为国家层面对一定时期内工程人才培养方向顶层设计与总体要求的宏观人才培养目标为基本依据，体现不同类型高校面向未来发展的人才培养目标规划，体现不同特色高校面向未来发展的人才培养优势设计，服务国家战略、满足产业需求、引领产业未来发展。

各高校的服务面向、学校定位、特色优势及办学环境不同，培养目标指向的发展预期体现差异性。工科优势高校在工程科技创新和产业创新上发挥主体作用，综合性高校在催生新技术和孕育新产业方面发挥引领作用，行业性高校在相关行业产业的转型升级和引领行业产业发展上发挥核心作用，一般地方高校在区域经济发展和区域产业转型升级上发挥支撑作用[18]。相应的，工科优势高校人才培养目标体系的发展预期，应聚焦战略性新兴产业、高端制造业等领域所需的，工程人才对新技术与新产业发展、多学科交叉与多领域融合及以科技创新驱动产业转型升级的适应与引领；综合性高校人才培养目标体系的发展预期，应聚焦国家重大战略相关产业和未来重点发展产业所需的，工程人才对学科交叉、渗透、融合基础上的技术创新、技术集成及产业融合的适应与引领；行业性高校人才培养目标体系的发展预期，应聚焦行业和产业当前急需和未来发展领域所需的，工程人才对技术升级与产业升级、技术创新与产业未来发展的适应与引领；一般地方高校人才培养目标体系的发展预期，应聚焦区域经济和产业发展所需的，工程人才对技术发展与区域产业转型升级、技术创新与区域经济未来发展的适应与引领。

人才培养目标体系还需在明确高校及专业服务领域、职业特征和人才定位的差异性的基础上，从国家战略布局、产业发展需求、区域经济发展，学校人才培养定位、办学特色、历史积淀、学科优势，专业特有的办学历史、办学理念、办学特色及资源条件等方面总结凝练人才培养优势与特质，体现和落实到人才培养过程中。保证培养目标是符合国家对工程人才需求的产出、符合工程科技发展变化的产出、符合学校办学定位及优势与特色的产出。

（三）人才培养目标内容的关键问题：聚焦多向度转变

面向未来的前瞻式人才培养目标内容设计需要实现多向度转变，更加关注非技术能力目标、价值性目标、未来性目标，以满足国家战略、产业需求及人的发展需要。

1.技术能力目标与非技术能力目标并重

《中华人民共和国国民经济和社会发展第十四个五年规划和2035年远景目标纲要》提出，应聚焦新一代信息技术、生物技术、新能源、新材料、高端装备、新能源汽车、绿色环保以及航空航天、海洋装备等战略性新兴产业。在可以预见的未来，这些新兴产业将发展成为产业体系的新支柱，成为壮大产业发展的新动能。工程教育人才培养目标一方面要聚焦支撑关键核心技术创新应用的技术能力体系，另一方要更加关注非技术能力在创造性解决复杂工程问题中的重要作用。在世界顶级工学院的人才培养方案中，均既注重学生的学术研究训练，也关注学生的实践能力培养，还重视学生的人文和社会科学素养，使学生能够更好地理解社会和人的需求；同时，更注重学生学习的自主性和主导性，调动学生学习积极性，培养更具创造性和引领性的人才[73]。我国工程教育人才培养目标在面向未来的迭代中，必须突破局限于技术能力目标的认知，强化技术能力目标与非技术能力目标的平衡和融合，以培养学生在面对突破学科界限和产业边界的复杂工程问题时，能够开展跨越多学科与多产业，进行多样性、多形式的包容性沟通与合作，集成来自不同学科与领域的观点；在跨国界的沟通与合作中具有国际视野和文化敏捷力，能够理解和尊重世界不同语言的要求；在最广泛的技术变革背景下，具备批判性思维和创造性能力，并通过终身学习保持对新技术、新事物和新问题带来挑战的持续应对能力。

2. 工具性目标与价值性目标融合

工程教育的目标首先遵循教育目标的要求，关注培养受教育者完整的人格和素质，让其成为独立自主、有思想、有判断的人；其次，遵循工程本质属性对教育的要求，工程是"为人"的，工程的社会性、生态性、道德约束性需要工程活动主体具备为人类谋取福祉的价值追求和行动自觉，面对和解决工程问题时始终将公众安全与健康福祉放在首位。面向未来的工程教育，人的价值的核心地位将更为凸显。新工业革命的发展目标是建立生态和谐、绿色低碳、合作共赢与可持续发展的社会，其发展观凸显"人的价值"和人才的"全人内涵"，其本质最终表现为一场"人的革命"[74]。工程教育应遵循教育规律和人才成长规律，注重人才培养目标体系中工具性目标与价值性目标的融合，为人的全面发展夯实基础。工具性目标关注通过深入的专业化教育将受教育者装备为"专业人"，以应对技术应用及未来技术变革所带来的挑战；价值性目标关注通过全面的教育指引受教育者具备成为更好的"自己"的能力，是一种持续发展的能力。价值性目标着眼于从适应岗位需求发展到获得自由状态的核心素养，是面向受教育者未来发展的能力与品性。面向未来的工程教育需要更加关注人在教育中的幸福感和获得感，体现工程改善人类生活的向善性，提升对工程活动的伦理察觉，将工程幸福感、工程伦理作为人才培养目标的关键要素，这既是工程教育人才培养目标的应然选择，也是实现人民对美好生活向往的需要[75]。

3. 现实性目标与未来性目标兼具

面向未来发展与改革的工程教育不仅专注培养服务当下，更立足未来发展、全球视野、人类社会和职业准备的长远站位[76]。新工业革命的发展规律及态势要求我们开展面向未来的工程教育改革，而面向未来的工程教育方向定位需要我们从适应新工业革命的视角审视培养目标的内容建构。新工业革命与第二次、第三次工业革命中运用自动化主要处理确定性问题不同，需要人们处理工业过程中、生活中广泛存在的不确定性问题[53]。工程系统、工程环境影响要素的动态变化，工程科学知识生产模式的变化，工程技术迭代及技术与产业融合模式的变化等，造成了这种不确定性及不确定性状态的持续性。面向未来的工程教育必须着眼于这种超越既有限定的、跨越时空不确定性对人才培养所提出的要求，对培养目标进行变革。首先这是培养目标站位的问题，工程教育要培养的是能够适应未来复杂工程背景的、能够满足和引领未来产业发展的工程人才。其次是培养目标内容建构的问题，培养目标需要聚焦受教育者对发展的不确定性的适应能力与支撑能力，包括面向未来的视野、对知识与技能的迁移能力、对变化的要求与环境的快速适应能力、创造性思考与解决复杂工程问题能力、保持对未来挑战的包容力与终身学习能力等。

第三节　以融合式课程体系与课程建设
构筑核心素养培养新架构

面向社会需求的，在多学科、跨学科、学科交叉领域的知识创新与应用成为知识生产的核心功能。知识生产模式转型与工程教育人才培养模式迭代共生演进，与核心素养体系革新同向发展。知识生产价值驱动、应用语境、组织边界、参与主体、知识关系、评价模式的变革与工程教育课程在人才培养链条中的定位、课程观嬗变、课程体系建构逻辑变迁、课程建设进阶发展互嵌互构。知识生产的跨学科性要求工程教育课程体系设置体现跨学科的交融性与综合性，课程建设关照跨学科知识在课程内容中的融合性。同时，课程改革面向社会需求的价值导向指向融合，系统性的核心素养培养指向融合，跨学科建构课程体系指向融合，开放式的课程建设指向融合，多元化的课程建设主体也指向融合，融合式课程体系与课程建设是支撑工程人才核心素养培养的新架构。在面向未来的工程教育中，该支撑效能的有效发挥需要以面向未来的价值导向综合体引领融合式课程体系及课程建设；以"跨"与"融"兼容并蓄，包括"跨"学科的"融"，"跨"领域的"融"，"跨"视域的"融"，牵引融合式课程体系及课程建设；以解决复杂工程问题能力为轴线，贯通融合式课程体系及课程建设；以面向产出的课程目标体系，承托融合式课程体系及课程建设；以多元课程建设主体协同，共建融合式课程体系及课程。

一、知识生产模式变革与面向未来的工程教育人才培养

知识生产模式指知识产生和创造出来的方式，是解释知识形成和发展的框架[77]。新工业革命催生知识生产模式的变革，知识生产的应用语境由学术研究驱动的模式 1，向社会需求驱动的模式 2 和实现社会公共利益为目标的模式 3 演进。21 世纪是知识生产模式快速转型的时期，知识生产的异质性与融合性成为知识生产模式现代转型的关键所在[78]。大学是知识生产的重要场域，学生是知识生产的核心力量之一，知识生产逻辑变化与知识生产的日益复杂化、综合化发展趋势，驱动人才培养模式及核心素养体系迭代。工程教育作为大学与社会深度交互的产物，是科学与技术复杂知识应用于社会生产和生活实践而衍生的专门教育，面向工业、产业和行业且与经济生产和社会市场需求协同，其人才培养自然需适应和依循知识生产的生发逻辑和转型框架，这是确保高质量工程人才供给能够适应和引领未来社会发展的关键[76]。

（一）知识生产模式逻辑转向

20世纪五六十年代以来，有关知识生产模式的研究引起了学界的广泛关注。迈克尔·吉本（Michael Gibbons）等人根据知识生产所必须遵循的认知和社会规范，区分出知识生产模式1和模式2[79]。知识生产模式1以学术好奇为核心驱动，由大学及科研院所的学术精英根据研究旨趣，组成紧密或松散的组织，主导知识生产。知识生产在"为知识而知识""为学术而学术"的应用语境下开展，以将未知变成已知为目标。知识生产与社会发展需求相互区隔，知识生产与生产应用不需要建立密切关系。知识生产过程中，生产主体以学科为边界严格遵循学科规训，通过科学分析、实验、论证等学术性程式生产高深知识，生产产出体系呈点状线性分布或联结。学术同行将根据学科既定的法则对产出知识进行评价。模式1将知识生产从价值驱动逻辑起点到产出评价的全部活动框于学科边界内部。随着工业化的发展，工业生产对知识应用的实际需求推动知识生产走出象牙塔，知识的实用性价值日渐显现。知识生产模式1的机制与活力不能满足工业化生产对以知识驱动生产力的需求，知识生产将转为以需求为导向，应用语境向解决生产中的实际问题延伸，知识生产与社会实践过程相互交融的模式。知识可以转化为生产力、知识可以促进生产力提高、知识即是生产力的强大驱动，拓宽了知识生产主体的范畴，更多行业产业生产机构、研发机构加入其中，由大学的单螺旋向大学－产业－政府的三螺旋发展；同时延展了知识生产场所，使知识生产活动突破了学校的院墙，在知识生产、创新、传递与应用全链条涉及的相关场广泛开展。工业化的加速推进极大地促进了产业集群式发展，知识供给需求的学科界限日渐模糊。知识生产需要跨越学科界限在多学科领域发生，并在学科交叉领域广泛而密集地发生，知识生产产出呈现复杂交错的联结模式。知识生产主体的多元化、知识生产影响的社会化决定知识生产产出必须接受社会利益相关者的关注与问责。20世纪初，全球化发展成为各国经济社会发展的内生变量，全球化与本土化的冲突、经济效益与持续发展的博弈等重要社会问题背景下，需要以实现社会公共利益为应用语境的新的知识生产模式。2003年，埃利亚斯·G.卡拉雅尼斯（Elisa G. Carayannis）提出知识生产模式3，该模式致力于生产跨越学科界限、体现超学科属性的知识集群，在创新网络的传播和影响下达到跨区域、跨国界的共存共演，从而克服本土化不足，适应全球化趋势，并通过"大学－产业－政府－公民社会"四螺旋动力机制中各部分利益相关群体作用的互补和加强，充分发挥公民社会的问责性，激发知识的自省功用，维护社会公共利益[77]。（见表7）

表7　知识生产模式1、2、3特征比较

	知识生产模式1	知识生产模式2	知识生产模式3
应用语境	由学术兴趣驱动，"为知识而知识""为学术而学术"	由社会需求驱动，为解决实际问题而发生，体现应用性与实践性	由实现社会公共利益驱动，体现公益性
组织	体现明确的学科边界，限制于单一学科内部	跨越学科界限，并在学科交叉领域广泛发生	跨越学科界限，体现超学科属性
场所	在大学、科研院所等固定场所发生	在更广泛的社会场所发生	在多维空间发生
主体	以大学及科研院所的学术精英为主体	突破大学及科研院所垄断，呈现多元化发展趋势	范畴更为宽泛，可包括所有利益相关者
知识关系	呈线性联结	呈交叉联结	呈网状联结
评价主体	由同行进行评价	接受社会问责	接受更广泛社会问责

（二）知识生产模式逻辑转向赋能工程教育人才培养模式面向未来的发展与变革

知识生产模式转型与工程教育人才培养模式迭代共生演进。与知识生产模式1契合的人才培养体现出明显的学科导向，关注受教育者对特定学科领域知识的全面、系统、完整掌握，旨在通过学科专业化教育培养能够解决工程科学问题的工程科学家，以及能够通过特定学科专业知识解决确定性工程实际问题的工程技术人才。对学科知识的存量守护和依照学科发展逻辑的增量生产，由于单向度的关注知识传递及传承、生产及再生产的学科属性，人才培养活动可以在特定学科范畴内开展和完成；由于知识生产关注知识本身，对知识的去处并不在意，使得人才培养重心向知识理论学习倾斜，轻视实践应用能力培养。知识生产与知识应用的区隔从知识生产模式向人才培养过程传递，并通过人才培养结果向知识生产过程回馈，对区隔化状态进行强化。

随着知识生产模式的转型，其逻辑转向赋能工程教育人才培养模式面向未来的发展与变革。受社会需求驱动和社会公共利益驱动的知识生产模式，需要面向社会需求及未来发展需求的人才培养模式，以实现需求导向的知识与应用聚合。与知识生产模式 2、3 相契合的人才培养秉持面向社会需求的产出导向，致力于培养具有坚实学科知识基础，能够实现跨学科的知识整合，解决复杂工程问题的复合型工程人才。由于知识生产的广泛跨界及在学科交叉领域的密集发生，人才培养应聚焦受教育者对特定学科及相关联学科领域的知识掌握、知识联结建立、知识系统整合能力，以及以此为基础的将之应用于并创造性地应用于解决具体问题的实践能力。为实现知识与应用的聚合效应，以支撑毕业要求、培养目标的达成，需要在人才培养过程中修复、恢复、加强理论与实践的关系，促进受教育者知识体系内部要素、知识要素与能力要素在理论学习与实践学习中实现有效交互、往复及要素重组。（见表 8）

表 8　知识生产模式变革与工程人才培养模式革新

	与知识生产模式 1 相适应的人才培养模式	与知识生产模式 2、3 相适应的人才培养模式
价值取向	学科导向	面向社会需求的产出导向
培养定位	专注于培养能够解决工程科学问题的工程科学家及能够通过特定学科专业知识解决确定性工程实际问题的工程技术人才	致力于培养具有坚实学科知识基础，能够实现跨学科的知识整合，解决工程实际问题的复合型人才培养
核心培养内容	特定学科专业理论	跨学科的专业理论与应用实践
核心范畴	聚焦受教育者对学科专业高深知识的全面性、系统性掌握	聚焦知识的应用性与实践性及基于知识的核心能力发展
模式特征	人才培养过程中重理论知识学习，轻实践应用，知识与应用分离	人才培养过程中理论与实践双轨并行，并持续有效交互、往复，实现要素重组

知识生产模式转型与核心素养体系革新同向发展。模式 1 以推理和分析为知识生产的主要方法，通过知识生产与传承保持学科知识体系的自身延展性、深入性、完整性、理论性、科学性。与之相适应的核心素养体系关注以学科认知能力为核心的、与科学分析相关联的研究能力，其他核心素养以此为中心进行线性纵向联结，以呼应模式 1 追求知识向高深发展的核心特征。知识生产模式的逻辑转向赋能核心素养体系的发展与重塑。知

识生产模式 2、模式 3 对社会需求、公共利益、未来发展的关注与关照，映射于核心素养体系的革新中，在持续更新的体系建构中，核心素养界定与选择、培养与发展应个人自我发展和社会进步需要而动。核心素养体系的核心不再局限于知识的发展，而关切人的职业发展、终身发展与全面发展，关注基于关键品性的跨学科、跨领域核心能力的横向发展广度，包括基于学科知识的应用能力、设计能力、创新能力、适应能力、沟通与协作能力、自主学习能力与终身学习能力等。（见表 9）

表 9　知识生产模式变革与核心素养体系革新

	与知识生产模式 1 相适应的核心素养体系	与知识生产模式 2、3 相适应的核心素养体系
体系核心	关注与科学分析相关联的研究能力	关注基于学科知识的应用能力、设计能力、创新能力、适应能力、沟通与协作能力、自主学习能力与终身学习能力等
关键特征	以学科认知能力为核心的相互间线性联结的核心素养体系	以实现职业发展和人的终身发展为核心的多维立体核心素养体系
目标导向	专注于学科范畴内认知能力的纵向发展深度	专注于关键品性基础上，跨学科、跨领域核心能力的横向发展广度

二、知识生产模式变革与工程教育课程体系及课程建设

课程是人才培养的载体，是核心素养培养的依托。知识生产模式转型赋能的人才培养模式的价值取向、培养内容、核心范畴等方面的变革，以及核心素养体系关键特征、目标导向等方面的变革，均将传导至工程教育课程体系与课程建设层面，促发面向未来的"课程行动"。

（一）知识生产模式变革与课程在人才培养链条中的定位

与知识生产模式 1 相适应的学科导向人才培养模式，以学科知识体系为核心依据确定具体专业课程体系与课程目标体系，根据课程目标体系推导毕业要求及人才培养目标。人才培养目标内在聚焦学科发展，人才培养结果外在支撑学科知识生产。知识生产模式与人才培养模式形成联动，保证学科知识体系的不断丰盈与持续传承。课程在人才培养链条中位置前置，被学科发展所左右，并影响毕业要求及人才培养目标的价值指向和内容架构。与知识生产模式 2、3 相适应的人才培养模式，根据社会需求确定培养目标、毕业要求，进而设置课程体系与课程目标体系。通过课程目标达成

支撑毕业要求达成及培养目标达成，满足社会需求对人才培养及知识生产的要求。课程在人才培养链条中处于核心支撑位置，以课程支撑毕业要求与培养目标，以课程产出支撑学习产出与专业产出，最终实现对满足社会需求的人才培养和知识生产与创新、传承与发展的支撑。

（二）知识生产模式变革与课程观嬗变

与知识生产模式 1 相适应的课程体系及课程建设遵循学科导向课程观，以学科知识和学科发展为中心。模式 1 以科学研究旨趣驱动纯学术发展与学术单纯发展的要义映射到课程中，课程分类由学术知识分类决定，课程内容由学术知识体系决定，体现明确的学科边界。学科导向的课程观决定了课程体系基于学科逻辑建构、课程建设由学科发展驱动并反哺于学科的建设与发展。与知识生产模式 2、3 相适应的课程体系及课程建设遵循面向需求的产出导向课程观，培养目标、毕业要求将产业发展对工程人才的关键品性和核心能力要求传导至课程体系，课程体系为支撑毕业要求和培养目标而设置，课程目标体系为支撑课程体系而设置，课程建设为支撑课程产出、毕业要求达成及培养目标达成而开展，积极回应社会需求及社会需求所驱动的知识生产需求。

（三）知识生产模式变革与课程体系建构逻辑变迁

与知识生产模式 1 相适应的课程体系建构基于学科逻辑，致力于对特定学科专业知识体系结构的全面展现；课程体系所构筑的知识谱系致力于对特定学科专业知识内容的完整复现。课程结构呈层级式叠加，由公共基础到学科专业基础再到专业核心，体现科学原理的演绎过程，课程进场顺序遵循学科认知发展逻辑。课程自组织具有较强独立性，课程之间较少交互。与知识生产模式 2、3 相适应的课程体系基于社会需求和人的发展需求建构，体现多维度融合。基于问题导向组建跨学科的课程群与课程模块，并通过灵活组合及课程间的交互，搭建课程知识跨学科的网状联结，课程知识谱系具有综合性和开放性。课程间的关系以工程问题为导向呈现网格串联式，课程进场顺序基于工程思维及工程实践需求，旨在使受教育者通过面向需求的系统性学科专业知识学习，能够在知识应用中以工程思维为指引，基于复杂工程问题实际情况确定核心知识节点，有效建立学科内、多学科知识间的关键联结，在明晰问题解决方案的同时实现基于学科交叉的知识生产、创新与应用。

（四）知识生产模式变革与课程建设进阶发展

与知识生产模式 1 相适应的课程目标体系聚焦学科专业知识的习得与传承，课程内容关注学科专业知识的全面性、系统性、完整性、传承性。在确定的学习时间和固定的学习场所中，以教师为主导进行课程知识讲授，实现知识的传递。课程评价亦由教师主导，以终极性评价为主要方式，主要关注受教育者的学科专业知识增量。课程更新由学科发展作为核心驱动，根据科学知识体系发展调整课程体系设置与课程内容。与知识生产模式 2 相适应的课程目标以解决复杂工程问题能力为轴心，聚焦基于知识掌握的能力获得与素质提升。课程内容关注对课程目标所包含的能力目标、素质目标的有效支撑。在灵活的学习时间、广泛的学习空间（包括物理空间与数字空间）中，由教师作为引导者和支持者，学生作为主体，在知识掌握的基础上发展课程目标所涉及的能力与素质。课程评价由教师、学生、行业企业专家等多元主体共同参与，重点关注通过课程学习实现的能力增值情况。课程体系及课程内容的更新从宏观层面看由社会需求、人的发展需求、学科发展、社会进步、未来技术发展需求等因素联合驱动；从微观层面看，基于课程评价及课程对毕业要求支撑情况的评估进行部署。（见表 10）

表 10　知识生产模式变革与课程体系及课程建设模式革新

	与知识生产模式 1 相适应的课程体系及课程建设模式	与知识生产模式 2、3 相适应的课程体系及课程建设模式
课程观	学科导向型	面向需求的产出导向型
课程体系	基于学科逻辑建构，体现学科规训	基于社会需求和人的发展需求建构，体现多维度融合
课程结构	叠层式、层级式	融合式
课程关系	较少交互	网格串联
进场逻辑	遵循学科认知发展逻辑	基于工程思维的实践需求逻辑
知识谱系	学科内线性联结	跨学科网状联结
课程目标	聚焦学科专业知识的习得与传承	聚焦基于知识掌握的能力获得与素质提升
课程内容	关注学科专业知识的全面性、系统性、完整性、传承性	关注课程内容对课程目标包含的能力目标、素质目标的有效支撑
课程时空	固定时间、固定场所	泛在化时间与空间

（续表）

	与知识生产模式 1 相适应的课程体系及课程建设模式	与知识生产模式 2、3 相适应的课程体系及课程建设模式
课程教学	由教师主导，教师是知识的传递者	以学生为中心，学生是课程学习的主体
课程评价	关注知识增量	关注能力增值
课程更新	由学科发展作为核心驱动	基于需求与评价的多维驱动

三、融合式课程体系及课程建设：面向未来工程教育培养核心素养的必然要求

新工业革命的主要特征是各领域技术的融合，融合中物理世界、数字世界和生物世界之间的界限，学科之间的区隔，产业之间的边界渐趋模糊，社会生产方式将发生深刻变革。万物互联基础上的深度融合催生了新产业、新业态和新的工作模式，同时增添了工程影响因素及解决方案的诸多不确定性。知识生产将在融合的社会需求下、在多学科的交叉领域密集发生，与之联动的工程教育需要以融合式的课程体系及课程建设实现对受教育者核心素养的有效培养，以应对来自现在与未来的综合挑战。通过分析我们可以看到，知识生产模式逻辑转向所赋能的工程教育人才培养模式面向社会需求的价值导向、核心素养关键特征的系统变革、课程体系与课程建设的产出导向，均内在地指向基于知识融合的能力素质融合诉求，外在地需要融合式课程改革予以支持。

（一）面向社会需求的价值导向指向融合

工程领域涵盖的范围被不断拓展，与工程问题相关联的社会问题愈加复杂，工程教育所面向的社会需求将持续向综合化方向发展，知识生产模式 2、3 的应用语境也愈加复杂化和综合化。面向未来的工程教育课程体系及课程建设需要通过多维度融合，以实现对受教育者核心素养的有效培养。在面向需求的产出导向课程观指导下，课程体系与课程建设面向的产出是复合化的产出，是复杂社会需求通过培养目标、毕业要求向课程传递的多元化能力素质要求，包括工程技术能力与非技术能力、解决问题能力与品质性格、解决现实问题能力与解决未来问题的潜在能力，需要在对其进行系统性融合的基础上，通过分析与解构确定课程体系并明确课程目标对毕

业要求内涵的支撑。课程体系与课程建设面向的产出是持续更新的产出，体现了新工业革命加速发展对工程人才能力素质空间不断扩容的产出需求，需要对当前社会需求和未来社会需求进行准确把握与系统融合，确定课程体系及课程内容。课程体系与课程建设面向的产出是具有挑战性的产出，课程所要支撑的能力素质要求的实现将成为受教育者应对未来挑战的核心能力基础和关键品性积淀，需要对核心素养体系进行面向未来的融合建构，并基于此指导课程体系及课程建设决策。综上，课程体系与课程建设面向的产出是复合化的产出，需要通过课程体系、课程结构、课程内容等多方面的融合实现真正意义上的面向产出。

（二）系统性的核心素养培养指向融合

工程活动过程受到技术的、非技术的复杂因素影响，需要考虑工程利益相关方的不同诉求，需要关注工程对人类、社会、文化、生态可能带来的影响，且这些因素和诉求的交织使工程活动及其解决方案愈加复杂化。这要求工程活动主体具有以关键品性为基础的工程领域核心专业能力、跨工程学科的融合能力、跨不同学科的兼容能力、跨业界的包容能力等。与知识生产模式 2、3 新特征相适应的核心素养体系是以实现职业发展和人的终身发展为核心的系统性体系，专注于在关键品性基础上，跨学科、跨领域核心能力的横向发展广度。核心素养的系统性需要课程体系、课程目标、课程内容、课程组织、课程评价的融合性与系统性予以积极回应。在工程实际问题的情境下，分析工程设计与实施、运行与维护、管理与循环等全部环节所涉及的核心素养对课程体系及课程建设的要求；在人的全面发展的视角下，分析受教育者面对职业挑战、未来挑战所需的核心素养对课程体系及课程建设的要求。在此基础上，对核心素养体系及核心素养培养任务进行系统梳理，通过融合式的课程体系架构、课程目标体系设置、课程内容体系优化等对核心素养体系进行有效支撑。

（三）跨学科课程体系建构指向融合

知识生产模式 2、3 中知识生产应用语境的极大延展，牵引知识生产突破学科边界，体现跨学科、超学科的发展样态。工程问题日趋复杂化的发展趋势，需要工程人才突破单一的学科边界限制，运用多领域专业知识交叉融合，通过跨学科沟通与协作，在合理界定与处置非技术因素问题的基础上，创造性地设计问题解决方案并予以实施。这需要基于跨学科，实现学科知识的融合与应用；基于融合式课程体系所支撑的系统性核心能力体系，解决跨学科的工程问题。课程体系的多维度融合是基于工程问题所进行的特定学科内、特定学科与其他学科的融合，是通识教育体系与专业教育体系的融合，同时是通识教育和专业教育体系内部课程群、课程模块的有机融合。课程之间，特别是先修课程与后续课程之间、理论课程与实践课程之间、本学科课程与其他学科课程之间的交互、往复更加密切与频繁，以实现知识体系融合基础上核心能力体系的融合。为了保证该融合的进程与程度，课程的进场逻辑需要在工程思维的牵引下，聚焦工程的系统性、集成性及过程性，以保证课程知识系统之间能够顺利建立有效连接并实现深度融合。

（四）开放式的课程建设指向融合

面向未来的工程教育课程建设是开放式的，对持续发展的社会需求、持续更新的人才培养目标、持续完善的课程体系及持续动态变化的学习者需求开放。这与知识生产模式 2、3 的应用语境范畴、生产组织边界、产出知识关系框架、知识生产场所的开放态具有相同机理。课程建设的核心是课程目标体系的建构，每门课程均根据所支撑的毕业要求观测点设置课程目标。课程目标体系将每门课程目标所接收和支撑的能力素质培养要求进行连接与融合，实现对毕业要求、培养目标的全面支持。课程建设的关键是基于课程目标重塑课程内容体系，在课程目标的指引下，进行课程内容的界定、选择、重组与融合，课程目标所支撑的能力素质培养要求方得实现。课程更新是课程建设的重要推手，更新是基于融合、并推动融合的更新。课程更新受到宏观层面多种需求及微观层面课程评价等多因素驱动，课程更新指向课程体系、课程关系、知识谱系、课程内容的进一步融合。开放式的课程建设需打开每门课程的边界，关注跨学科、领域、文化的知识体系在课程内容中的渗透，如数学类课程知识及应用与专业类所属相关学科密切关联；专业类课程需涵盖资源有效利用、环境影响、整个生命周期成本、资源再利用、净零碳等类似概念的知识，以及计算思维、系统性思维和批判性思维的方法论等内容。

（五）多元化的课程建设主体指向融合

知识生产模式 2、3 主体的多元化发展趋势表现为单螺旋向三螺旋及多螺旋发展，赋能工程教育参与主体及课程建设主体的多元化发展。课程体系对面向产出的培养目标、毕业要求的有效支撑，需要对包括国家战略及行业产业需求发展与变化进行准确的把握；课程内容对知识发展及技术前沿的聚焦，需要对工程科学未来发展趋势进行前瞻性的分析；课程组织形式对受教育者核心素养发展具有重要影响，需要对受教育者个性需求进行全面的关注。工程教育利益相关者均是融合式课程体系及课程的建设者，其中教师、学生、企业是核心主体。教师包括学科专业教师与跨学科专业教师，他们在实体及非实体组织机构的协调下，协同参与课程建设工作。学生是课程学习的主体，随着学生中心理念的逐渐扎根，学生将在课程建设中拥有更多话语权，包括对课程内容、组织形式、评价方案的建议；基于学生学习过程及学习结果的评价信息等，均是课程建设的重要依据。企业作为工程教育人才培养的重要需求侧，其对工程教育课程的综合分析、判断与支持，能够推动课程真实有效聚焦产出，课程内容及组织形式优化，课程建设与技术发展趋势紧密结合。多元主体形成融合式共同体，共同致力于通过课程建设更好地实现对受教育者核心素养的培养预期。

四、融合式课程体系及课程建设的关键问题

面向未来的工程教育中，课程改革价值导向综合体的熔铸，跨学科、跨领域、跨视域课程改革中"跨"与"融"的兼容并蓄，解决复杂工程问题能力作为轴线在课程体系中的贯通、面向产出课程目标体系的重塑、多元课程建设主体的协同是融合式课程体系及课程建设的关键问题。

（一）以面向未来的价值导向综合体引领融合式课程体系及课程建设

面向未来的工程教育课程体系及课程建设，需要积极响应国家战略及产业需求对工程教育提出的新要求，需要应对新工业革命背景下工程问题的跨界性与复杂性对工程人才核心素养的新需求，需要直面来自当前与未来工程知识与技术发展对工程人才持续发展的新挑战，需要面对受教育者对实现全面发展能力的新期许，还需要关注社会公众对工程教育所影响的工程活动的新诉求。如果在受教育者接受工程教育阶段的背景下考量，这些新要求、新需求、新挑战、新期许与新诉求均将经由培养目标与毕业要求，落实到课程，由课程体系及课程建设予以擎托。故此，课程体系及课程建设将由国家战略及产业需求、经济社会未来发展需求、人的全面发展需求、社会公共福祉需求等作为价值指引，实现面向未来的持续发展，这些价值指引熔铸为面向未来的课程体系及课程建设价值导向综合体。

知识生产模式的逻辑转向由应用语境变革为核心驱动，实现由"为知识而知识"驱动的模式 1，向由社会需求驱动的模式 2 和社会公共利益驱动的模式 3 进阶。知识生产模式价值导向转型，赋能工程教育课程改革由学科导向向需求导向赓续。面向国家战略和产业需求的课程体系和课程建设，在激发工程教育效能与活力、装备工程人才关键品性与核心能力、实现工程学科专业领域整体的传承与发展价值中承担关键角色。技术更迭与产业转型升级进程加快，工程教育要锚定经济社会未来发展需求，预判产业未来可能面临的问题与挑战，以服务行业产业当前与未来发展诉求为导向，在问题情境中开展课程体系及课程建设，拓宽受教育者面向未来的视野，发展其引领未来产业发展的创新能力，提升其应对未来挑战的适应力与学习力。

新工业革命与技术革命说到底是教育的革命、人的革命，工程教育以育人为本源旨归，工程是由工程活动主体实施的为社会公众谋取福祉的创造性活动，人的发展是各个活动范畴的中心。通过工程教育实现工程活动主体的全面发展，适应并引领产业发展，在工程活动中为社会公众持续创造服务美好生活的建造物，是愿景，也是课程体系及课程建设的价值指引，指引课程体系及课程建设对家国情怀与使命担当、社会责任与工程伦理、多元化与包容性、自我调节与终身学习等核心素养培养的有效支撑，以塑造能够适应、引领当前及未来产业发展的人本式工程人才。

（二）以"跨"与"融"兼容并蓄牵引融合式课程体系及课程建设

未来工程人才愈发需要融合多学科的概念、原理、思路和方法，具备跨学科、跨领域知识能力体系及跨界整合能力来提供复杂工程问题的解决方案。知识生产模式2、模式3推动工程教育迈向高阶的学科交叉融合阶段，通过复杂问题、现实情境和综合实践，促进学科跨界整合、贯通互构和交叉创新，实现课程体系结构性重组与课程目标及内容优化升级，塑造和提升受教育者跨学科视野与思维、多学科合作实践与交叉学科协同的创新力[80]。融合式课程体系是支撑培养学生适应及引领未来工程发展核心素养体系的基石，"跨"与"融"是面向未来工程教育课程体系与课程建设的核心指向，"跨"是"融"的前提，"融"是"跨"的落实与深入。

1. "跨"学科的"融"

课程体系及课程建设需要跨哪些学科，如何实现所跨学科涉及的各类知识在课程之间及课程内容中的融合，需要突破科学思维而基于工程思维予以思索，突破"专业人"发展目标而基于人的全面发展目标予以指引，突破学科逻辑而基于工程问题逻辑予以建构。从解决一类特定工程问题的角度出发，围绕该类工程问题从构思、设计到实施、运行涉及的，特定学科内部、特定学科与其他学科的知识逻辑衔接，设定主题课程群。根据课程群主题，依据工程问题涉及的多学科课程的聚合关系设定专项课程模块。课程群主题和课程模块专项设置，及课程群与课程模块内部组成聚焦工程思维、科学思维、人本思维及解决工程实际问题的能力，并依据行业产业发展需求、工程科学与技术发展趋势进行序变与迭代。主题课程群和专项课程模块的组建原则、结构、数量均依照解决工程问题所需，并以此为轴线，将原本具有内在关联而被人为学科分割阻断的知识之间的连接重新建立起来。课程体系的学科交叉是实质性交叉，融合是深入性融合，其要津在于突破学科藩篱，基于工程问题意识，打通并融合不同学科领域课程，设置具有弹性的模块化课程体系。同时，跨学科的知识将通过"重混"在具体课程的内容中进行重聚与融合，实现跨学科知识结构的重塑。跨学科知识结构还需在工程问题情境中进行持续整合，并通过工程实践训练，使受教育者领会其中的默会知识，提高实践应用与创新能力，以实现知识结构和能力结构的深度"重混"[81]。

2. "跨"领域的"融"

工程问题系统性与集成性、社会性与生态性对工程人才核心素养的要求映射到课程改革中，需要课程体系及课程建设实现跨技术领域与非技术领域的融合，培养受教育者解决非结构化工程问题的综合能力及素质。突破目前课程体系对工程技术能力密集支撑、对非技术能力无力支撑的困境，关键在于以工程思维视角，基于工程问题逻辑，锚定解决复杂工程问题能力培养的核心目标，丰盈非技术能力课程资源的建设与供给，修复非技术能力课程知识与技术能力课程知识间的内在联系，重构非技术能力与技术能力在工程实践训练中深度整合的教学模式与体系支撑。以全面工程观教育理念为指引，将技术能力与非技术能力作为整体，在培养目标与毕业要求中予以系统设置，根据非技术能力相关毕业要求内涵确定支撑课程，依据支撑任务及内容开展生成性课程目标、针对性课程内容及组织形式设计，扭转以既定课程（并不论其支撑力）对非技术能力相关毕业要求进行硬性支撑的惯习，逐步实现技术领域与非技术领域真正的"跨"和实质的"融"。

3. "跨"视域的"融"

国家战略的未来站位、行业产业的未来发展需求、人的未来发展展望，需要工程教育凸显包容性、发展性、未来性，以面向未来的价值导向综合体，牵引课程体系及课程建设探索实践跨现实需求与未来发展需求的融合。面向未来的课程改革关切学科专业前沿问题、行业领域前沿发展问题、工业企业未来发展问题和人的未来发展问题。课程体系及课程建设与未来的合作，从课程体系设置、课程教学理念革新、课程教学模式变革等方面共同发力。首先，需要丰富体现最新科学研究成果、前沿知识及发展趋势的课程资源，根据工程问题逻辑将其设置于具体的课程模块中，并建立课程体系、课程内容面向前沿和产业未来发展进行持续更新的机制；其次，革新以既有知识的讲解和传递为要义的课程教育理念，延展师生面向的未来视野，引导受教育者对科技发展前沿、产业未来发展趋势的思索和对人类命运共同体未来发展问题的关注；同时通过以学生为中心，以包括探究式、研究性等多样化的学习模式，培养受教者的终身学习能力和自我发展能力，提升其对未来发展需求的适应力、学习力与领导力。

（三）以解决复杂工程问题能力为轴线贯通融合式课程体系及课程建设

《工程教育认证通用标准解读及使用指南》（2022 版）进一步明确工程

教育人才培养"解决问题"的程度应定位于"复杂工程问题"，确保达到以工程师为培养目标的本科层次工程人才培养要求。解决复杂工程问题能力培养是工程教育的核心任务，融合式课程体系及课程建设需以解决复杂工程问题能力为轴线，课程体系结构各组成部分、各部分之间关系及各部分所发挥的合力均聚焦该能力的培养。

复杂工程问题涉及广泛的相互冲突的技术领域问题和非技术领域问题，涉及跨工程学科及其他领域的、具有广泛不同需求的、不同利益相关者群体的协作。这些特征要求通识教育课程重点培养学生的人文素养、社会责任感、职业伦理素养、团队协作能力、沟通交流能力及国际视野等，并使学生具备运用与工程实践相关的经济决策、项目管理、环境、法律及伦理相关知识的能力。通识教育课程可以包括人文素养模块、语言沟通模块、经济管理模块、法律伦理模块，等等。通识教育课程具有鲜明的跨学科性，培养学生具备工程实践发展所需的非技术综合能力、工程意识及素养，同时为学生专业能力和素养的培养奠定基础。因此，通识教育课程以相关工程学科为背景，设定课程目标、选定教学内容、设计教学策略，是实现学生能够在具体的工程实践中应用相关知识的重要保障。通识教育与专业教育需有机渗透，既注重培养批判性思维、跨学科和系统思维等基本能力，又强调培养团队合作精神、家国情怀等人文修养[82]。

复杂工程问题是具有许多组成部分或子问题的高级问题，没有明显的解决方案，需要深入运用工程基础知识、工程专业知识、工程设计和运行知识、工程实践知识及学科研究文献筛选的知识，通过抽象思维及创造性和原创性分析建立合适的模型，并采用系统方法才能解决。复杂工程问题通常是很少遇到的问题或新兴问题，是专业工程标准和实践规范未包含的。这些特征和能力要求，要求大类平台系列课程从工程实践发展及产业和经济社会发展的角度，为学生长远发展提供宽厚扎实的学科和专业基础。其包含的数学与自然科学课程群、学科基础课程群、专业基础课程群，重点培养学生的数字化思维、团队合作意识、创新意识、现代工程意识、批判性思维、跨学科和系统思维能力等[83]，着力提升学生运用数学、自然科学和工程科学原理分析和研究复杂工程问题的能力。专业教育系列课程中，专业核心课程群和专业拓展课程群重点培养学生系统设计和有效实现复杂工程问题解决方案的综合能力，及非结构化解决问题的能力、多学科团队协作能力、研究和开发能力、创新能力等[83]。

（四）以面向产出的课程目标体系承托融合式课程体系及课程建设

从宏观层面看，创新型卓越工程科技人才的宏观人才培养目标需要课程目标体系的全面有效支撑；从微观层面看，具体专业的课程目标体系上承课程对毕业要求及培养目标的支撑任务，下启课程内容与组织方式设计，指引课程活动的开展，保证课程产出，进而支撑学生学习产出与专业教育产出。面向产出的课程目标体系是承托融合式课程体系及课程建设，及满足产业发展需求及人的发展需求的重要支点。

课程目标体系设置的核心原则是聚焦对毕业要求、培养目标的支撑。在宏观人才培养目标视角下，课程体系所承载的"卓越"与"创新"培养要求由课程目标体系予以支撑。卓越的核心是全面系统的工程能力，创新是现代工程能力的灵魂所在，卓越与创新是课程目标体系万变不离其宗的所在。在具体工程教育的微观视角下，培养目标涵盖技术能力目标与非技术能力目标、工具性目标与价值性目标、现实性目标与未来性目标等，需要具体课程根据其所支撑毕业要求涉及的能力素质培养要求，确定具体的课程目标，依此原则形成课程目标体系。课程目标体系建构的关键要求是在工业发展的应用情境中设置工科课程知识的问题情境，确定聚焦能力与素质要求的课程目标，实现课程目标由学科发展导向到产业需求导向的转变[84]，保证课程目标有效支撑课程所承载的卓越工程能力培养任务。课程目标体系是连接课程与毕业要求、课程与工程实际、工程教育与产业需求的重要桥梁，课程目标体系设置在课程与毕业要求之间、课程与工程实际之间、工程教育与产业需求之间的持续交互中进行，并根据各影响要素及要素间关系的变化进行优化与调整，是开放的、动态的，具有序变能力的体系，以保持对毕业要求、培养目标的持续有效支撑。

（五）以多元课程建设主体协同共建融合式课程体系及课程

面向未来工程教育多学科交叉融合的内涵和特征决定了融合式课程体系及课程建设是系统性的，从抽象到具体、从宏观到详细反复迭代的设计与实践过程，需要教师、学生、企业等多元主体有组织地、系统地、整体地推进。

教师作为课程建设核心主体，教师之间特别是不同学科教师之间需要通力合作。课程体系的宏观架构、主题课程群的建构、跨学科课程模块的设计、跨学科知识在课程内容中的交融，需要人才培养链条上的所有教师共同参与。在跨学科人才培养模式的教师学科院系隶属关系及组织形式相对灵活的基础上，可以探索非实体形式的组织创新，并通过制度与政策激励机制，激发组织内每一位教师围绕受教者核心素养培养开展协同合作。荷兰代尔夫特理工大学在组织教师开展课程体系建设过程中，针对好奇阶段、接受阶段、成功阶段等不同阶段教师心理特征，设计了不同的推进与激励方案[85]，值得我们学习与借鉴。

学生在融合式课程体系及课程建设中主体角色的定位及积极性的激发，有赖于以学生为主体的课程学习模式的扎根落地。知识生产模式进阶发展所催生的知识生产与发展、传递与传承、知识创新与再生产的新样态，需要我们彻底扭转教师作为学科知识守护者、传递者的角色理解，明晰学生通过课程学习，在已有知识的基础上建构新的知识，在知识之间、知识与应用之间建立有效联结的过程中处于主体地位。学生对课程内容、组织形式、评价方案可以随时提出疑问与建议，以促进课程建设与课程持续改进。学生课程学习的过程性评价信息及课程目标达成评价结果均是学生课程学习行为及能力增值情况的重要表征，是课程持续改进的重要依据与参考。同时包括即将和已经毕业的学生应作为课程体系合理性评价的主体之一，分析课程体系与课程建设情况对发展所需核心素养支撑关系的合理性及支撑效能的发挥情况，以促进融合式课程体系及课程建设的系统优化与持续发展。

工程教育课程体系及课程建设与行业产业发展应该是密切相连的关系，因工程教育科学范式及工程学科规训而显得疏远，但自"卓越工程师教育培养计划"实施以来，特别是从 1.0 到 2.0 的进阶，企业对工程教育课程的诉求及其重要性被逐渐重视起来。企业身处工程活动最前沿，对行业产业需求及未来发展趋势、工程人才需要具备的核心素养及目前普遍存在的短板，以及应对未来挑战所需核心素养的预判，均对融合式课程体系及课程建设具有重要意义。面向未来的工程教育中，需要完善课程体系合理性评价、课程目标达成评价等机制，保障企业参与课程体系及课程建设的路径、程度及效度。

第四节　以高阶式整合学习打造工程学习模式新样态

工程学习在工程产生之初就开始出现，它隐藏于工程设计活动之中 [86]，伴随着工程发展所推动的工程教育范式变迁，工程学习模式实现发展与变革。通过工程教育范式变迁中工程学习模式发展样态回溯，我们可以看到工程学习模式与工程发展对工程教育的需求密切相关，现代工程与面向未来的工程教育需要怎样的工程学习模式，值得思考。"回归工程实践"在新的历史条件下有了新的意义与新的使命，工程学习模式需要面对发展了的工程、革新了的工程本质、迭代了的工程实践对工程学习者所提出的新要求。工程教育科学范式阶段形成的以知识传播为价值导向的工程学习模式，仍在深刻影响现代工程背景下的工程学习，面向未来的工程教育需要工程学习模式新样态。聚焦高阶思维、高阶认知目标及高阶能力的整合学习是基于现代工程特征对工程教育内在要求的学习模式，是对工程问题系统复杂性及系统内外关系集成性的积极应对。高阶式整合学习以在实践学习中基于反思的知识意义自主建构为内在逻辑要求，学生以积极采取行动应对问题与挑战的学习者、挑战者角色认同，通过知行合一的深度性、研究性、情境性、协作性学习，实现知识体系建构和知识运用与工程情境反复交互中的交融性协同发展，并在深刻反思基础上实现既有知识深层次结构突变、核心能力与关键品性的积淀与提升。

一、工程教育范式变迁中工程学习模式发展何态

工程教育范式变迁中，工程学习模式随之发展与变革。当原有的工程教育范式的本质认识和价值导向无法应对一系列反常现象时，工程教育的危机就会不断暴发，要解决这一问题，就需产生新的范式，使工程教育回

到良好的运行状态，这便是工程教育范式转换的过程[87]。从工程学习模式的视角，工程教育技术范式向科学范式变革，科学范式向工程范式变革，一方面受到既定工程教育范式中工程学习主体定位及组织形式、学习目标设计、学习开展形式、学习结果评价价值导向等内容所制约的人才培养结果，及该结果与社会经济发展需求契合性的影响，当工程人才供给与产业需求之间匹配性张力持续扩大至一定阈值，即触发工程教育的危机；另一方面随着工程教育范式的转换，其价值导向所牵引的教育理念、人才培养模式变革将带来新的工程学习模式。

（一）工程教育技术范式阶段

工程教育技术范式侧重专业技术知识的掌握和专业技能本身的研究与运用，重视以处于工程经验阶段的工程实践为导向的工程教育"技术模式"。工程学习中，教师讲授知识、传授技能，是知识的传递者、技能训练的指导者；学生通过专业学习获得专业知识，通过实践学习习得专业技能，是知识的接受者、技能的习得者。教师与师生之间的关系不对等，学生之间是相对独立的个体，师生间、生生间的交互对工程学习效果的影响是隐性的，是不为工程学习所必需的。工程学习目标聚焦专业知识掌握基础上工程实践能力的获得和提高，专业知识学习为工程实践学习服务，其重点在于工程实践能力的产出。学生在实践学习中获悉知识的应用场景及路径，将指导者默会的知识转化为自身默会的知识，并在应用中验证显性知识以及刚刚习得的默会知识，在验证、调整、再验证中提高工程能力，积累工程经验。师生在具体的工业生产环境中开展实践教学与技能训练的模式较为普遍，工程学习在天然的工程情境中发生，工程学习结果在该情境中接受操作结果的客观评判及来自教师、企业指导者的主观评价。工程教育技术范式下的工程学习模式重视基于工程情境的工程训练，但该模式聚焦的是处于工程经验阶段的工程实践，以验证型为主，实践环节之间呈条块分割的状态，加之专业化课程体系所致的工程科学知识口径狭窄且缺乏系统性，使学生在工程学习中难于建立知识与知识之间、知识整体与综合应用间的联系，工程实践能力难以发展成系统性整体。

（二）工程教育科学范式阶段

工程教育科学范式重视科学理论学习特别是基础科学理论学习在工程教育中的重要作用，课程体系秉承学科导向，培养过程关注学生对科学理论的深入学习与系统掌握。教师在工程学习中关注通过演绎、分析等方法向学生解释科学原理，通过实验教学组织学生验证科学原理，教师依旧是知识的传递者，并更加重视科学原理与分析方法的传递。学生在工程学习中获得知识，特别是科学概念、原理、分析方法等学科知识及方法论，是被动接收者，学生更像是一个接收各类知识与分析方法的容器，容器内部在学科思维指导下为知识间建立一定关联，容器外部缺少通向应用的有效接口和实现路径。工程实践课程被压缩、工程实验多以验证型为主，学生在工程实践学习中加深了对科学原理是什么及为什么的认知，但科学原理向应用延伸的路径被阻断，工程实践能力特别是工程设计能力及解决问题能力的提升，在工程情境及解决实际问题驱动缺失的学习背景和动力机制中难以为继。该模式中，工程学习目标聚焦学科专业知识的完整性与系统性，以教师为主的评价主体主要通过终结性的评价模式量评学生知识掌握情况，评价结果用以证明学生知识习得的准确性、完整性及系统性，评价结果支持工程学习循环改进的功能尚未被关注。技术范式向科学范式转型，意图培养学生掌握更多的科学、技术知识，使他们能够迎接将来未知的工程挑战，工程学习"传播模式"确实有助于提高事实性知识、概念性知识的传播效率，但并不能解决工程实践中反省性知识、某些程序性知识的传授问题，而工程实践中反省性知识和程序性知识恰恰是工程问题解决能力的基础[86]。学生通过工程学习实现了工程科学知识的纵向延展及深度积累，但理论学习与实践学习相互区隔的去工程化工程学习发展趋势与行业产业发展需求渐行渐远。在该学习模式中，工程设计及解决实际问题能力、创新意识、沟通与协作能力难以在学生学科认知结构体系基础上自行生发。

（三）工程教育工程范式阶段

工程教育工程范式从工程本身的系统性和整体性出发，以整合的视角看待工程教育与工程及人类社会发展的关系，通过综合性和多元化的课程体系，支撑不同学科知识的交叉融合，实现学科知识体系的系统性对解决复杂工程问题能力的有力支撑，使学生能够具备迎接未来工程发展各种挑战的能力。工程学习中，呈现突破师讲生听传统模式的发展趋势，师生间平等对话及互动、生生之间密切交互对学习效果的重要影响开始被重视。在工程学习跨学科的要求下及知识生产更迭周期不断加快的环境中，学生通过自主学习进行必要的知识储备，教师重点讲授学生在自主学习时难于掌握的内容，是教与学的理想样态。工程学习将在泛在化的时空中开展，包括课程前、课程中、课程后；教室、实验室、课题室、图书馆、企业、社区等。工程学习以解决实际问题为目标，激发学生学习的内生动力，使学生通过跨学科的工程学习，在具备工程情境的实践学习中自主搭建基于工程逻辑的知识联结，主动探索从知识学习到实践应用、从知识向能力转化的路径。工程学习目标在聚焦学生掌握工程知识、问题分析和研究能力的基础上，将其应用于工程设计的实践能力，同时发展创新意识、团队合作精神和终身学习能力，实现关键品性与核心能力、技术能力与非技术能力的平衡发展。教师、学生、企业指导者及其他工程教育利益相关者，通过对学生工程学习过程及产出的全过程，通识类与专业类知识习得、社会通用能力与专业核心能力、关键品性和工程素养提升的全视角开展学习产出评价，评价结果的有效分析用于指导学生调整学习策略及规划。

二、面向未来工程教育改革与发展中工程学习模式何求

工程教育科学范式阶段形成的以知识传播为价值导向的工程学习模式，仍在深刻影响现代工程背景下的工程学习。面向未来的工程教育需要以通过实践学习实现基于反思的知识意义自主建构为内在逻辑要求的高阶式整合学习，从而应对并引领现代工程的当前需求及未来发展，同时满足人的全面发展需求。

（一）当前工程学习模式的主要问题

以教师为主导的学习模式尚未实质变革，科学范式惯性下教师对作为学科知识守护者、传递者的角色认知尚未有效扭转。在工程学习中，教师习惯并擅长对所掌握知识的倾囊相授，学生习惯并依赖于教师将各类知识梳理清晰后以知识点的形式呈现，师生间尚未形成平等的有效对话关系。

学生在工程学习中所处的位置及其对该角色的认同，导致其学习及自主学习的内生动力不足，解决学习中的问题的自信与勇气不足。学生在工程学习中囿于学科专业知识掌握的高深程度，解决实际问题能力提升被弱化。专业知识主要关注每门课程的内容，课程与课程之间、专业知识与实践应用之间的关联未有效搭建，专业知识在单门课程中自成体系，将之置于综合知识体系角度审视时仍呈碎片化存在。工程学习能力目标定位在低阶范畴显现聚合，主要体现为记忆、理解及浅层应用层面。工程情境在理论学习及实践学习场景中普遍缺失，导致工程学习理科化、科学化的发展倾向。评价工程学习结果所依据的标准和所使用的方法与能力目标匹配性不足，影响评价结果有效性，评价的价值导向和结果利用均未发挥积极效能。当前工程学习的样态与现代工程属性特征及其驱动的工程教育回归工程本质的发展要求存在差距，现代工程与面向未来的工程教育需要怎样的工程学习模式值得思考。

（二）高阶式整合学习：面向未来工程教育改革与发展的必然要求

现代工程以关注社会矛盾解决的社会性属性、关注创新性主观能动性发挥的实践性属性、关注探索未知与开拓新领域的创造性属性、关注要素间关系与效能最优化的集成性属性、关注人与自然合作对话的生态性属性、关注工程与社会和谐发展的道德约束性属性为特征。这对工程教育及工程学习模式的发展提出了新要求，需要以高阶式整合学习为核心，以提高学习力、适应力、发展力为宗旨的工程学习模式，推动工程教育面向未来的改革与发展，同时为实现人的全面持续发展不断赋能。

整合学习是在具有真实性的工程情境、基于问题解决的富有挑战性的学习任务中主动建构知识意义，搭建知识之间、知识与应用之间的关联，通过反思重塑学科知识认知、重构知识体系、发展核心能力及关键品性的过程。整合学习是聚焦高阶思维、高阶认知目标及高阶能力的高阶学习过程，故称之为高阶式整合学习。高阶式整合学习是基于现代工程特征对工程教育内在要求的学习模式，是对工程问题系统复杂性及系统内外关系集成性的积极应对。针对工程的社会性，工程学习聚焦真实工程问题，包括来自行业企业的实际问题、来自生活的具体需求以及来自社会公众共同面临的挑战与问题等，根据情境激发先前所学知识，在解决实际问题中发展核心能力、积淀关键品性；针对工程的实践性，工程学习注重在实践中完成知识意义建构及基于此的知识与能力统整，以此锻炼学生工程实践综合能力；针对工程的创造性，工程学习强调以设计为主线，在对构思、设计、实施、运行涉及的特定学科内部、特定学科与其他学科知识进行整合的基础上，将之创新性地应用于工程实践；针对工程的集成性，工程学习聚焦工程系统的集成性对工程学科知识体系的映射要求，建立与之相适配的具有自我更新机制的整合知识网络，并在具体实践中训练非技术因素界定与技术问题解决等解决复杂工程问题的能力；针对工程的生态性和道德约束性，工程学习关注技术知识与非技术知识、技术能力与非技术能力的平衡与整合，在具体工程实践特别是工程设计中关注生态、环境、法律及道德规约对工程的影响，获得相关非技术能力与经验。同时，高阶式整合学习是关切人的全面发展，有利于发展核心素养的学习模式，该学习过程不仅是通过知识运用发展分析、综合、创新等高阶认知思维，而且通过知识运用提升学生关心、参与、反思生活与改变世界的品格与能力[88]，在与情境的交互与对话中，在不断地内省与反思中，实现意识、思维等深层次价值体系的持续发展。

三、高阶式整合学习何貌

高阶式整合学习中，教师不再是知识的拥有者、传授者和控制者，而是学习过程的参与者、引导者和推动者；学生不再是知识的被动接收者，而是主动学习者、自主建构者、积极发现者和执着探索者[89]。师生在广泛的平等对话中，开展知行合一，具有深度性、研究性、情境性、协作性的工程学习。

（一）高阶式整合学习是知行合一的学习

高阶式整合学习以在实践学习中基于反思的知识意义自主建构为内在逻辑要求，知识体系建构与知识运用在与工程情境的反复交互中实现交融性协同发展。在工程情境中，学生基于分析、贯通、综合、批判性等认知思维，将所学知识与问题情境建立起联系，通过慎思、假设、检验、调查、实验、表达、交流与讨论等知识运用过程实现问题解决，学生已有知识获得了充分的激活，认知思维、问题解决能力与社会交往技能等获得了运用与提升，个体所获得的学习经验和达到的学习结果会体现为批判性、创造性思维、合作与交往技能等素养[88]。高阶式整合学习蕴含知行合一的学习精神，关注知识理论学习与应用实践学习的平衡与统一，"知"与"行"在互动中相互加强与促进，并向交融性协同发展。

（二）高阶式整合学习是深度性学习

高阶式整合学习注重在实践中知识意义的生成及知识体系的重整，这是在对既有知识进行深刻反思的基础上才能达到的深层次结构突变。高阶式整合学习是触及学习者概念模型的深度学习，概念模型是对信息群的心理表征，每种类型的问题都需要一个概念模型来描述要素含义及其因果关系，当学生以一种没有调用概念模型的方式理解一个问题时，就难以理解他们工作的底层逻辑[90]。触及概念模型是反思与内省的开始，是知识有效运用的前提。学生在反思与内省中，创造自己的理解与个人知识，通过知识运用验证其理解与创造的合理性，开展再次反思与内省，重整知识意义牵引的知识体系，通过再一次的知识运用将其应用于新的情境中，实现知识迁移基础上的能力迁移，如此循环往复，可实现能力素质产出效能的螺旋上升。

（三）高阶式整合学习是研究性学习

高阶式整合学习以解决实际问题为驱动，待解决的问题是没有明确解决方案的复杂问题，具有真实性、复杂性和挑战性。围绕问题的学习任务能够有效激发学生学习研究的积极性，问题的跨学科性及问题系统内部各种要素的复杂关系、问题外部影响要素与内部要素的交织，推动学生将问题研究与知识学习紧密结合，开展深入问题底层的研究性学习。学习从问题开始，以探索学科知识的产生和发展规律为路径，以剖析专业原理的形成过程为载体，以分析、研究和解决专业实际和学科问题的过程为平台，将学习知识与研究问题相结合，学生在学习学科知识、专业原理和在思考、分析和探究问题的过程中获取、应用和更新知识，在探究问题的过程中培养和训练发现、研究、解决问题的能力，在合作学习和团队交流过程中形成和提高综合素质，通过结合兴趣特点自主选择研究问题、合作对象和学习方式，促进个性发展[91]。

（四）高阶式整合学习是情境性学习

工程情境是工程教育反映工程本质的重要表征与关键要求，高阶式整合学习是在工程情境中开展学习的过程。行为主义发展理论认为发展是由条件反射带来的行为上的变化，而变化是由持续不断的小量变积累而成；学习的基本机制是教师在向学生传授知识的同时，需要通过强化刺激，从而帮助学生掌握知识并形成新的行为[86]，以解决真实性工程问题为目标的或者具有工程情境的工程学习，以及解决社会公共问题的责任驱动等均属于该强化刺激的范畴。在特定情境中，学生围绕工程问题，基于分析、综合、批判性、系统性认知思维，通过与情境的对话，将已有知识进行重新集结、联系与组合，基于知识运用，通过设计获得解决方案。在设计中保持与情境的持续对话，并在方案的评估与实施中通过持续对话对方案进行优化。经过多阶段、多元化的工程实践学习，在不同情境中基于不同主题的工程问题进行所需知识的界定与选择、知识网络搭建及知识向能力转化的输出，不断提高自身解决工程问题所需的核心工程能力及对不同工程问题、不同挑战的适应能力及应变能力。

（五）高阶式整合学习是协作性学习

高阶式整合学习中，学生是积极采取行动应对问题与挑战的学习者，也是共同面对问题、解决问题的协作者。基于情境的挑战性问题需要学生间密集互动，交流观点、碰撞想法、达成共识，以团队的形式共同分析问题、探讨问题解决方案。团队由不同学科背景成员组成，成员之间根据问题需求进行分工，承担不同角色，通过面对面及远程互动等形式开展小组讨论、方案设计、评估改进、展示交流等多样性的沟通与合作。学生在跨学科协作学习中将分散的学科知识集中在问题视角下，在不同学科背景成员的交流与合作及自身的内省与反思中建立知识间的联系，在问题的解决中实现知识的整合及其向能力的转化。高阶式整合学习中的协作是密切的，是具有包容性的，团队成员通过协作共同实现解决问题的目标，在提高解决实际问题能力的同时有效沟通与合作能力也得以提升。

参 考 文 献

[1] 潘云鹤.新时代高等工程教育的范式变革与未来展望 [J].科学发展研究，
2021（12）：11-23.

[2] 托马斯·库恩.科学革命的结构 [M].张卜天，译.北京：北京大学出版
社，2022：59.

[3] 张炜，王良，林永春.中国特色工程教育体系的演进历程、内涵特征及
未来进路 [J].新疆师范大学学报（哲学社会科学版），2024（1）：219-
227.

[4] 王力军，李继怀，卢艳青.现代工程教育模式的偏离与理性回归 [J].现
代教育管理，2011（3）：72-74.

[5] 任令涛.美国工程教育发展历程探析：兼论工程教育二元分裂性 [J].高
等工程教育研究，2022（6）：193-199.

[6] 李茂国，朱正伟.工程教育范式：从回归工程走向融合创新 [J].中国高
教研究，2017（6）：30-36.

[7] 王孙愚，刘继青.从历史走向未来：新中国工程教育 60 年 [J].高等工程
教育研究，2010（4）：30-42.

[8] 林建华.工程教育的三种模式 [J].中国高教研究，2021（7）：15-19.

[9] 唐玲珊.回归工程实践：20 世纪 80 年代以来美国高等工程教育变革研究
[D].成都：四川师范大学 .2021.

[10] 范内瓦·布什，拉什·D 霍尔特.科学：无尽的前沿 [M].崔传刚，译.北
京：中信出版集团，2021：17.

[11] 高蓓蕾.学生保留率困境中的美国高校工科专业课程改革探析 [J].外国

教育研究，2018（4）：105-116.

[12] 魏峰 . 钱学森工程哲学思想研究 [D]. 苏州：苏州科技大学，2016.

[13] 迟卫华 . 我国工程教育模式演进及其与产业发展的关系研究 [D]. 大连：大连理工大学，2015.

[14] 顾佩华，胡文龙，陆小华，等 . 从 CDIO 在中国到中国的 CDIO：发展路径、产生的影响及其原因研究 [J]. 高等工程教育研究，2017（1）：24-43.

[15] 陈聪诚 . 新中国高等工程教育改革发展历程与未来展望 [J]. 中国高教研究，2019（12）：42-48，64.

[16] 吴爱华，杨秋波，郝杰 . 以"新工科"建设引领高等教育创新变革 [J]. 高等工程教育研究，2019（1）：1-7，61.

[17] 胡波，冯辉，韩伟力，等 . 加快新工科建设，推进工程教育改革创新："综合性高校工程教育发展战略研讨会"综述 [J]. 复旦教育论坛，2017（2）：20-27.

[18] 林健 . 面向未来的新工科建设：新理念 新模式 新突破 [M]. 北京：高等教育出版社，2021：31-32.

[19] 陈建强，刘茜，刘晓艳 . 探索国际工程教育的"中国方案"：访中国工程院院士、天津大学校长金东寒 [N]. 光明日报，2023-08-02（09）.

[20] 林健 . 新工科建设：强势打造"卓越计划"升级版 [J]. 高等工程教育研究，2017（3）：7-14.

[21] 李志义 . 对我国工程教育专业认证十年的回顾与反思之一：我们应该坚持和强化什么 [J]. 中国大学教学，2016（11）：10-16.

[22] 李志义 . 对毕业要求及其制定的再认识：工程教育专业认证视角 [J]. 高等工程教育研究，2020（5）：1-10.

[23] 崔允漷 . 素养：一个让人欢喜让人忧的概念 [J]. 华东师范大学学报（教育科学版），2016（1）：3-5.

[24] 崔允漷 . 追问"核心素养"[J]. 全球教育展望，2016（5）：3-10，20.

[25] 林崇德 . 中国学生核心素养研究 [J]. 心理与行为研究，2017（2）：145-154.

[26] 刘坚，魏锐，刘晟，等.《面向未来：21世纪核心素养教育的全球经验》研究设计 [J]. 华东师范大学学报（教育科学版），2016（3）：17-21，113.

[27] 石中英. 关于中国学生发展核心素养的哲学思考 [J]. 课程·教材·教法，2018（9）：36-41.

[28] 褚宏启. 核心素养的概念与本质 [J]. 华东师范大学学报（教育科学版），2016（1）：1-3.

[29] 李雪，孙绵涛. 学生发展核心素养探究：兼与《中国学生发展核心素养》商榷 [J]. 上海师范大学学报（哲学社会科学版），2017（6）：78-84.

[30] 王世斌，顾雨竹，郄海霞. 面向2035的新工科人才核心素养结构研究 [J]. 高等工程教育研究，2020（4）：54-60，82.

[31] 张炜，王良，钱鹤伊. 智能化社会工程科技人才核心素养：要素识别与培养策略 [J]. 高等工程教育研究，2020（4）：94-98，106.

[32] 郑丽娜，姜子娇，雷庆. 新时代卓越工程师核心能力：基于扎根理论的探索性研究 [J]. 中国高教研究，2022（9）：38-45.

[33] 吴婧姗，朱凌，施锦诚，等. 未来工程师的核心能力：基于智能技术驱动型企业实证研究的内容分析 [J]. 高等工程教育研究，2019（6）：50-57.

[34] 吴涛，刘楠，孙凯. "新工科"视域下工程人才关键能力的思考 [J]. 黑龙江高教研究，2018（3）：156-160.

[35] 李志义.《华盛顿协议》毕业要求框架变化及其启示 [J]. 高等工程教育研究，2022（3）：6-14.

[36] International Engineering Alliance. Graduate Attributes and Professional Competencies [EB/OL].https://www.ieagreements.org/about-us/gapc/Uploads/IEA-Graduate-Attributes-and-Professional-Competencies-2021.

[37] Engineering Accreditation Commission. ABET，Criteria for Accrediting Engineering Programs，2023-2024[EB/OL].https://www.abet.org/accreditation/accreditation-criteria/criteria-for-accrediting-engineering-

programs-2023-2024/.

[38] 潘海生，姜永松，王世斌 . 新工业革命背景下工程教育认证标准变革何以可能：美国 ABET 标准变革的启示 [J]. 高等工程教育研究，2020（5）：64-70.

[39] 胡文龙 . 基于 CDIO 的工科探究式教学改革研究 [J]. 高等工程教育研究，2014（1）：163-168.

[40] CDIO 工程教育联盟 .CDIO 大纲 2.0[EB/OL].http://www.chinacdio.stu.edu.cn/Detail_Code.aspx?Content_ID=397&Channel_ID=101.

[41] 中国工程教育专业认证协会 . 工程教育认证通用标准解读及使用指南（2022 版）修订说明 [EB/OL]. https：//www.ceeaa.org.cn/gcjyzyrzxh/xwdt/tzgg56/631560/index.html.

[42] 林健 . 新工科人才培养质量通用标准研制 [J]. 高等工程教育研究，2020（3）：5-16.

[43] 中国工程教育专业认证协会 . 工程教育认证通用标准解读及使用指南（2022 版）[EB/OL]. https：//www.ceeaa.org.cn/gcjyzyrzxh/rzcxjbz/gjwj/gzzn/index.html.

[44] 刘晟，魏锐，周平艳，等 .21 世纪核心素养教育的课程、教学与评价 [J]. 华东师范大学学报（教育科学版），2016（3）：38-45，116.

[45] 闫闯 . 切勿忽视学生发展核心素养本土化 [J]. 教育科学论坛，2016（10）：8-11.

[46] 钟启泉 . 基于核心素养的课程发展：挑战与课题 [J]. 全球教育展望，2016（1）：3-25.

[47] 胡文龙，李忠红 . 国际典型工程人才关键能力模型研究 [J]. 高等工程教育研究，2021（4）：81-87.

[48] 孙晶，毛伟伟，李冲 . 工程科技人才核心能力的解构与培育：基于布鲁姆教育目标分类视角 [J]. 高等工程教育研究，2019（5）：97-102，114.

[49] 李正，林凤 . 从工程的本质看工程教育的发展趋势 [J]. 高等工程教育研究，2007（2）：19-25.

[50] 朱京 . 论工程的社会性及其意义 [J]. 清华大学学报（哲学社会科学版），

2004（6）：44-47.

[51] 袁广林.高等工程教育的理性回归：基于工程本质属性的思考 [J]. 辽宁教育研究，2008（9）：18-21.

[52] 王喜文.应对工业 4.0 的中国进路 [J].新疆师范大学学报（哲学社会科学版），2018（3）：87-93.

[53] 李培根.未来工程教育的几个重要视点 [J].高等工程教育研究，2019（2）：1-6.

[54] 姜晓坤，朱泓，李志义.面向新工业革命的新工科人才素质结构及培养 [J].中国大学教学，2017（12）：13-17，23.

[55] 周开发，曾玉珍.新工科的核心能力与教学模式探索 [J].重庆高教研究，2017（3）：22-35.

[56] 吴婧姗，施锦诚，朱凌.数据赋能工程教育转型：基于五份美国数据科学咨询报告的分析 [J].高等工程教育研究，2020（4）：41-47.

[57] 吴婧姗，王雨洁，吕正则，等.数据赋能工程教育转型：工科专业要率先学习数据科学 [J].高等工程教育研究，2022（5）：31-37.

[58] 丁烈云.面向数字经济的复合型人才培养探讨 [J].高等工程教育研究，2022（6）：1-4，24.

[59] 崔军.整体工程观视野下的工程师和工程教育改革 [J].中国大学教学，2016（10）：37-42.

[60] 马廷奇，冯婧.回归工程实践与工程教育模式改革 [J].高教发展与评估，2018（2）：9-16，102.

[61] 邹晓东，翁默斯，姚威.基于大 E 理念与整体观的综合工程教育理念建构 [J].高等工程教育研究，2015（6）：11-16.

[62] 景安磊，钟秉林.一流工程技术人才培养的形势、问题和路径 [J].国家教育行政学院学报，2020（3）：65-70.

[63] 露丝·格雷厄姆.全球工程教育情境扫描与未来展望 [M].张炜，等译.杭州：浙江大学出版社，2021：22-30.

[64] 皮埃尔·布迪厄，康华德.实践与反思：反思社会学导引 [M].李猛，李康，译.北京：中央编译出版社，1998：131.

[65] 杨治良，郝兴昌 . 心理学辞典 [M] 上海：上海辞书出版社，2016：522.

[66] 白逸仙 . 社会需求导向的工程人才培养目标研究 [D]. 武汉：华中科技大学，2007.

[67] 谷韶华 . 我国高等工程教育目标的认知 [D]. 长沙：中南大学，2012.

[68] 郭樑，黄文辉，钱锡康 . 蒋南翔工程教育思想的成功实践及其发展 [J]. 清华大学教育研究，2006（s1）：5-9.

[69] 史丹，李鹏 . 中国工业 70 年发展质量演进及其现状评价 [J]. 中国工业经济，2019（9）：5-23.

[70] 马廷奇 . 制造业发展与高等工程教育范式转型 [J]. 高等教育管理，2018（2）：25-29，65.

[71] 文辅相 . 我国本科教育目标应当作战略性调整："高等教育培养目标系统和规格的研究"课题研究报告摘要 [J]. 高等教育研究，1996（6）：12-16.

[72] 林健，郑丽娜 . 从大国迈向强国：改革开放 40 年中国工程教育 [J]. 清华大学教育研究，2018（2）：1-17.

[73] 林建华，陈春花，李咏梅，等 . 世界顶级工学院的战略发展路径与人才培养 [J]. 高等工程教育研究，2021（6）：1-11.

[74] 邱学青，李正，吴应良 . 面向"新工业革命"的工程教育改革 [J]. 高等工程教育研究，2014（5）：5-14，45.

[75] 张慧凝 . 新中国成立以来高等工程教育人才培养目标的演进特点及展望 [J]. 化工高等教育，2023（1）：25-31.

[76] 杨冬 . 从科学范式到工程范式：高质量新工科人才培养的逻辑向度与行动路径 [J]. 大学教育科学，2022（1）：19-27.

[77] 黄瑶，马永红，王铭 . 知识生产模式 III 促进超学科快速发展的特征研究 [J]. 清华大学教育研究，2016（6）：37-45.

[78] 吴立保，吴政，邱章强 . 知识生产模式现代转型视角下的一流学科建设研究 [J]. 江苏高教，2017（4）：15-20.

[79] 苟鸣瀚，刘宝存 . 知识生产模式转型视角下跨学科人才的培养：以杜克大学为个案 [J]. 新文科理论与实践，2023（2）：98-109，128.

[80] 李爱骥，杨冬 . 知识生产模式转型下大学教学高质量发展的内在逻辑与实践理路 [J]. 黑龙江高教研究，2023（8）：16-21.

[81] 卢晓东 . "重混"：颠覆性技术创新视野中的新工科 [J]. 中国高教研究，2021（7）：20-28，41.

[82] 廖勇，周世杰，汤羽，等 . 面向新工科的软件工程专业核心课程体系建设 [J]. 高等工程教育研究，2022（4）：10-18.

[83] 林健 . 新工科专业课程体系改革和课程建设 [J]. 高等工程教育研究，2020（1）：1-13，24.

[84] 李冲，毛伟伟，孙晶 . 新工业革命与工科课程改革：基于知识生产模式转型的新工科课程建设路径研究 [J]. 中国大学教学，2022（7）：88-96.

[85] 齐方奕 . 代尔夫特理工大学的工程教育课程改革：系统审视与经验启示 [J]. 高等教育研究学报，2020（2）：75-81，94.

[86] 项聪 . 工程学习：模式变迁与理论阐释 [J]. 高等工程教育研究，2015（4）：55-63.

[87] 潮泽仪，郭卉 . 我国工程教育范式转换的回溯与前瞻：基于行动者网络理论的视角 [J]. 中国高校科技，2023（4）：52-58.

[88] 张良，杨艳辉 . 核心素养的发展需要怎样的学习方式：迈克尔·富兰的深度学习理论与启示 [J]. 比较教育研究，2019（10）：29-36.

[89] 李志义 . 解析工程教育专业认证的学生中心理念 [J]. 中国高等教育，2014（21）：19-22.

[90] 汤瑞丽，梁丙卓，周利民 . 面向复杂系统的高等工程教育再设计：南方科技大学 SDIM "深度整合" 新工科教育实践 [J]. 高等工程教育研究，2023（5）：41-47.

[91] 林健 . 面向卓越工程师培养的研究性学习 [J]. 高等工程教育研究，2011（6）：5-15.